MARCO POLO

Baskenland

Bilbao

Reisen mit Insider Tipps

Diesen Reiseführer schrieb Andreas Drouve, der seit vielen Jahren im Norden Spaniens lebt und zahlreiche Bücher über seine Wahlheimat verfasst hat.

www.marcopolo.de

Infos zu den beliebtesten Reisezielen im Internet, siehe auch Seite 97

SYMBOLE

Insider Tipp **MARCO POLO INSIDER-TIPPS:**
Von unserem Autor für Sie entdeckt

★ **MARCO POLO HIGHLIGHTS:**
Alles, was Sie im Baskenland kennen sollten

HIER HABEN SIE EINE SCHÖNE AUSSICHT

WO SIE JUNGE LEUTE TREFFEN

PREISKATEGORIEN

Hotels		Restaurants	
€€€	über 140 Euro	€€€	über 30 Euro
€€	80–140 Euro	€€	15–30 Euro
€	bis 80 Euro	€	bis 15 Euro

Preise für eine Übernachtung von zwei Personen im Doppelzimmer, ohne Frühstück

Preise für ein Essen ohne Getränke bzw. für ein typisches Menü (Tagesmenü) im jeweiligen Lokal

KARTEN

[108 A1] Seitenzahlen und Koordinaten für den Reiseatlas Baskenland

[U A1] Koordinaten für die Karte zu Bilbao im hinteren Umschlag

Eine Karte zu San Sebastián finden Sie auf Seite 48, eine Karte zu Vitoria auf Seite 66.

Zu Ihrer Orientierung sind auch die Orte mit Koordinaten versehen, die nicht im Reiseatlas eingetragen sind.

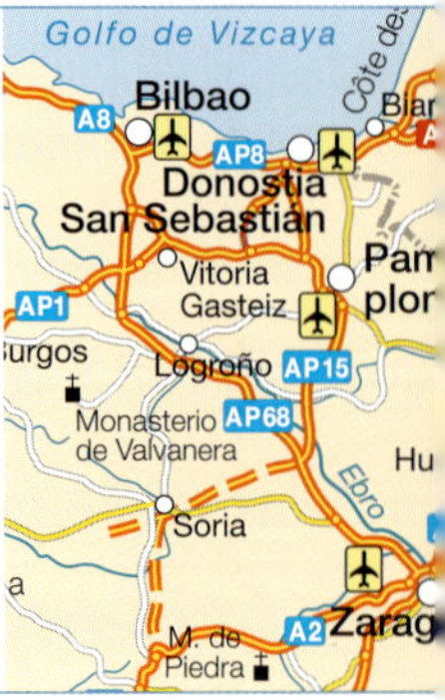

GUT ZU WISSEN

Im Land der Namensdoppel **11** · Literaturtipps **16** · Baskische Spezialitäten **20** · Historische Kaffeehäuser **31** · Moderne Architektur **35** Tragik um Gernika **40** · Architektur und Bildhauerei **50** · Baskische Spitzenköche **56** · Ignatius von Loyola **60** · Landhaustourismus **69** Rioja Alavesa **76**

INHALT

Die wichtigsten
MARCO POLO Highlights

Sehenswürdigkeiten, Orte und Erlebnisse, die Sie nicht verpassen sollten

1 **Puente Colgante**
Dem Himmel über Bilbao ein Stückchen näher rücken – auf dem Fußgängerweg über der Schwebebrücke (Seite 29)

2 **Museo Guggenheim**
Bilbao besitzt ein Museum wie eine gigantische Skulptur; die hauchdünnen Titanplatten wirken wie glitzernde Fischschuppen (Seite 30)

3 **Mercado de la Ribera**
Die Markthallen von Bilbao bersten fast vor Meeresgetier, Gemüse und Würsten (Seite 33)

4 **San Juan de Gaztelugatxe**
Raue Winde, Klippen, Felsenplatten – wildromantische Landschaft zwischen Bakio und dem Kap Matxitxako (Seite 38)

5 **Bosque Pintado**
Kunst am Stamm – ein Kiefernforst bei Gernika wurde zum Zauberwald (Seite 41)

6 **Playa de Laga**
Ein kleiner Strand, für den sich sogar ein größerer Umweg lohnt (Seite 43)

7 **Donostia/San Sebastián**
Küstenmetropole mit starkem Gesamteindruck: Muschelbucht, Strände, Promenaden, Altstadt, Berge (Seite 45)

Weltstädtisch: San Sebastiáns Uferpromenade Paseo de la Concha

Wohlschmeckend: Tapas

Wild: San Juan de Gaztelugatxe

8 Tapas-Bars
Kenner schnalzen mit der Zunge, sobald sie an die Häppchenbars im historischen Viertel von San Sebastián denken (Seite 48)

9 Museo Chillida-Leku
In einem wunderschönen Skulpturenpark bei Hernani zeigt der Bildhauer Eduardo Chillida einen Querschnitt seines Schaffens (Seite 51)

10 Jaizkibel
Rinder- und Pferdeweiden, Farnhügel, im Hintergrund der Atlantik – das Bergmassiv wird zu einer Symphonie aus Grün und Blau (Seite 55)

11 Museo Ignacio Zuloaga
Eine kleine Schatzkammer der Kunst in Zumaia, in der sogar El Greco und Goya vertreten sind (Seite 61)

12 Museo Fournier de Naipes
Dame, König, Ass und mehr – das Spielkartenmuseum in Vitoria ist ein echtes Kuriositätenkabinett (Seite 68)

13 Parque Natural de Valderejo
Unter Geiern und Wanderfreunden in diesem Naturpark abseits des Mainstreams (Seite 72)

14 Laguardia
Hinter wuchtigen Mauern hält sich das Mittelalter lebendig (Seite 73)

15 Bodegas
Zwischen Tradition und Moderne bewegen sich die Weinlager in und um Laguardia – eine Kostprobe ist beim Besuch unerlässlich (Seite 75)

★ *Die Highlights sind in der Karte auf dem hinteren Umschlag eingetragen*

Entdecken Sie das Baskenland!

Bei der Suche nach unverfälschten spanischen Regionen ist das Baskenland ein ganz heißer Tipp

Stille hängt im Naturpark Izki, absolute Stille. Wie ein Zaubergang zieht sich der Pfad durch den Wald. Die Sonne siebt diffuses Licht, in den Blätterdächern raschelt der Wind. Schmetterlinge tanzen über Buchs und bemooste Stämme, aus dem Geäst dringt Vogelgezwitscher. Über Wurzelwerk geht es hinaus aus dem Forst, dann schweifen die Blicke über Berg und Tal. Man reibt sich verwundert die Augen. Das soll Spanien sein? Dasselbe Spanien, das den Flamenco, die glutäugige Carmen und Europas Highlife-Zentrale aller Ballermänner hervorgebracht hat? Im spanischen Norden geht keins der vorgefertigten Bilder auf, hier heißt es in jeder Hinsicht »adiós Klischees« …

Das 7234 km^2 kleine Baskenland – knapp dreimal so groß wie Luxemburg – zeigt sich als einer der vielgesichtigsten, grünsten und überraschendsten Landstriche Spaniens. Eine Region, die in keine Schublade passt. Zwischen Bergen und Meer bestimmen Wiesen und Wälder das Bild, tiefe Täler, trutzige Bauernhöfe, Dörfer voller Bruchsteinhäuser. An den Golf von Biskaya schieben sich die letzten Zipfel der Pyrenäen, zwischen der Grenze zu Frankreich und dem westlichen Nachbarn Kantabrien fährt der baskische Küstenstreifen alle erdenklichen Kontraste auf. Fischerstädtchen und Flussmündungstrichter, Häfen und vorgelagerte Inseln.

Strandleben an der Muschelbucht – San Sebastiáns Playa de la Concha

Die Ikurriña – offizielle Flagge der autonomen Region Baskenland

Was es sonst noch zu entdecken gibt? Eine ganze Menge! Die Altstädte von Vitoria und Hondarribia zum Beispiel und mehr als hundert Strände, angeführt von Bakio und Zarautz – allseits beliebte Ziele von Surfern. Um Zumaia und San Juan de Gaztelugatxe hingegen werfen sich Klippenlandschaften von grandioser Wildromantik auf. Zu den schönsten Städten des Landes zählt San Sebastián, das sich um seine Muschelbucht legt und die Eleganz eines alten Seebads kultiviert. Eine

Geschichtstabelle

3. Jh. v. Chr.–4. Jh. n. Chr. Nach dem Zweiten Punischen Krieg Herrschaft der Römer

711 Einfall der Mauren auf der Iberischen Halbinsel

Erstes Drittel 9. Jh. Entdeckung des Grabs des Apostels Jakobus d. Ä. in Galicien; im Baskenland bilden sich zwei Achsen des Jakobswegs heraus

1181 Gründung von Vitoria

1300 Diego López de Haro hebt Bilbao aus der Taufe

16./17. Jh. Während der Inquisition immer wieder Hexenverfolgungen und -prozesse

1813 Schlacht von Vitoria mit dem Sieg über Napoleons Truppen

1895 Sabino de Arana gründet die Baskische Nationalistische Partei

1936 Der Spanische Bürgerkrieg beginnt

1937 Die deutsche Legion Condor legt die heilige baskische Stadt Guernica in Schutt und Asche

1939 Ende des Spanischen Bürgerkriegs und Beginn der Diktatur des Generals Franco

1959 Gründung der Separatistenorganisation Eta (*Euskadi ta askatasuna,* »Baskenland und Freiheit«)

1973 Tödliches Attentat der Eta auf Francos Ministerpräsidenten Luis Carrero Blanco

1975 Ende der Franco-Diktatur, Juan Carlos I. wird zum König proklamiert

1979 Das Baskenland bekommt ein Autonomiestatut

1982–96 Sozialistische Regierung unter Felipe González

1993–97 Der Bau des Guggenheim-Museums verändert das Stadtbild von Bilbao

1996–2004 Regierung der konservativen Volkspartei unter José María Aznar

2002 Mit seinem »Plan Ibarretxe« will der baskische Ministerpräsident Juan José Ibarretxe das Baskenland zum Freistaat machen

2004 Nach der Unterstützung des Irak-Kriegs durch die konservative Volkspartei bringen die islamistischen Terroranschläge von Madrid die Sozialisten bei Wahlen zurück an die Macht; José Luis Rodríguez Zapatero wird Regierungschef

2005 Das spanische Parlament lehnt den »Plan Ibarretxe« ab

2006 Die Eta verkündet einen unbefristeten Waffenstillstand, begleitet von Verhandlungen mit der Zapatero-Regierung

Fahrstunde weiter westlich ist das küstennahe Bilbao mit seinem Guggenheim-Museum kometenhaft zu einer der ersten Kulturadressen Spaniens aufgestiegen. Besonderheiten wie die alten Kaffeehäuser und die weltweit älteste Schwebebrücke machen den einstigen Industriemoloch zusätzlich reizvoll. Andernorts nehmen Sie die Fährten berühmter baskischer Persönlichkeiten auf. Juan Sebastián Elcano stammte aus Getaria und war der erste Weltumsegler, der aus Loiola gebürtige Ignatius von Loyola begründete den Jesuitenorden. Dem Maler Ignacio Zuloaga und dem Bildhauer Eduardo Chillida sind eigene Museen in Zumaia bzw. bei Hernani gewidmet.

» Grünes Land im Norden Spaniens «

Im Baskenland ist der Mensch seit Urzeiten präsent, wie Höhlenmalereien und zahlreiche Dolmen belegen. Eingefleischte Basken behaupten voll typischem Stolz: Diese Zeugnisse stammen von niemand anderen als unseren Vorvätern! Und so sehen sie sich als die ältesten Europäer, die sich diesseits und jenseits der Pyrenäen aus sich selbst heraus entwickelt haben. Im Baskenland leben jedoch nicht nur Basken. Hauptursache dafür war die Industrialisierung im 19./20. Jh., die in ganz Spanien Maßstäbe setzte und Menschen aus anderen Landesteilen auf der Suche nach Arbeit anzog. Heutzutage erklärt sich der Zuzug mit dem fehlenden Arbeiternachwuchs aus eigenen Reihen, während die Wirtschaft boomt. Die meisten Immigranten kommen aus Südamerika und Schwarzafrika.

Die Ursprünge der Basken und ihrer eigenen Sprache *Euskera,* die sich als einzige vorindogermanische Sprache in Westeuropa erhalten hat, geben Forschern unverändert

Grüne, bewaldete Hügel: untypisch für Spanien, typisch fürs Baskenland

Santiago Calatravas Zubizuri-Brücke überspannt den Río Nervión in Bilbao

Rätsel auf. Fest steht, dass die Basken von alters her ein besonderes Völkchen sind, das mit fremden Einflüssen stets auf seine Art umzugehen verstand und seine regionalen Eigenheiten auf besondere Weise bewahrt hat. Nirgendwo anders in Spanien findet sich eine solche Fülle an kuriosen Sitten und Traditionen. Für die Demonstration von Kraft, Ausdauer und Geschick steht das Ballspiel *pelota*. Gleiches gilt für die Ruderregatten der *traineras* und all die ländlichen Sportarten, die häufig bei Volksfesten zu sehen sind. Die Bandbreite reicht vom Baumstammhacker *(aizkolari)* bis zum Typus des Steinestemmers *(harri-jasotzaile)*, Marke lebendiger Fleischberg und Kultfigur, der zum Leidwesen seines Rückens und seines Orthopäden problemlos ein paar Zentner zu wuchten vermag. Der Weltrekord liegt bei über 330 kg.

»Heimatstolz und kuriose Traditionen«

Wo solcherlei Kräfte verpuffen, darf eine gute Küche mit reichlich Gemüse, Fleisch und Fisch nicht fehlen. Die herzhaften Zutaten haben Meisterköche wie Pedro Subijana mit modernen Ideen angereichert und sind so zu Stars der internationalen Szene avanciert. Allerdings – und das macht das Baskenland so ungewöhnlich – kochen die Basken nicht nur ihr eigenes Süppchen. Heimatstolz und Weltoffenheit, Traditionen und Avantgarde gehen Hand in Hand. Über das Baskenland verteilen sich die Zeugnisse renommierter Stararchitekten: das Guggenheim-Museum des Frank O. Gehry und die Metro des Norman Foster in Bilbao, der Kongresspalast des Rafael Moneo in San Sebastián, der internationale Flughafen und die Zubizuri-Brücke des Santiago Calatrava in Bilbao.

Gegenwärtig liegen architektonische Aushängeschilder im südlichen Baskenland im Trend, die die Weinregion Rioja Alavesa attraktiver machen: futuristische Weinpaläste großer Konzerne und Dynastien, für die Millionensummen an Gehry, Calatrava & Co. geflossen sind. Dahinter steckt nicht zuletzt der Gedanke, der Welt zu zeigen, was im Baskenland alles möglich ist. Schließlich handelt es sich um eine der wohlhabendsten Regionen Spaniens, was wiederum dem Fleiß und der Zuverlässigkeit seiner Bewohner zu danken ist. Auf Basken ist einfach Verlass – auch das unterscheidet sie von anderen Spaniern und deren »Mañana-Mentalität«.

»Avantgarde in der Küche und in der Kunst«

Unfreiwillig in die Schlagzeilen geraten ist das Baskenland durch Attentate der Eta, jener Untergrundorganisation, die während der Franco-Diktatur gegründet wurde und deren 2006 verkündeter Waffenstillstand Hoffnung auf dauerhaften Frieden genährt hat. Allzu oft sind die blutigen Taten nationalistisch verbohrter Separatisten mit dem gesamten Volk der Basken in Zusammenhang gebracht worden. Zu Unrecht. Die meisten Basken sind zwar freiheitsliebend und stehen dem aus Madrid gelenkten Staatsapparat skeptisch gegenüber, doch Brutalität ist ihre Sache nicht. Mögen sie auf den ersten Blick ein wenig rau wirken – das Herz tragen die Basken auf dem rechten Fleck. So wurden sie schon vom deutschen Gelehrten Wilhelm Freiherr von Humboldt beschrieben, der nach einer Reise im Frühling 1801 umfangreich Zeugnis ablegte.

Apropos Frühling: eine gute Reisezeit! Auch Sommer und Herbst sind zu empfehlen, wobei Regen nie auszuschließen ist. Er ist der Preis für das erfrischend grüne Pflanzenkleid, das so oft überrascht. Das Baskenland ist ideal für jene, die in Spanien eine echte Entdeckerregion und unausgetretene Pfade suchen. Im wahrsten Sinn der Worte. Bezeichnendes Beispiel: der Naturpark Izki mit seinen Wegen durch Märchenwälder aus Buchs, Pyrenäen- und Steineichen …

Im Land der Namensdoppel

Zwischen Spanisch und Baskisch

Euskadi – so wird das Baskenland auf Baskisch genannt, während es auf Spanisch País Vasco heißt. Die Zweisprachigkeit zieht sich wie ein roter Faden durch den (Reise-)Alltag, was umso komplizierter ist, da die eine Sprache kaum etwas mit der anderen verbindet. Strand heißt auf Baskisch *hondartza,* San Sebastián *Donostia,* die Hauptstadt Vitoria *Gasteiz.* Namensparallelen sind bei Bilbao, baskisch *Bilbo,* und den drei Provinzen Guipúzcoa *(Gipuzkoa)*, Vizcaya *(Bizkaia)*, Álava *(Araba)* erkennbar. Den doppelsprachigen Ausdrücken trägt der vorliegende Band Rechnung und gibt dort, wo es sinnvoll erscheint, beide Bezeichnungen an.

7

Sport, Spaß und Sprache

In vielerlei Bereichen hebt sich das Baskenland vom übrigen Spanien ab; der Nationalismus hat einen besonderen Stellenwert

Bevölkerung

Im Baskenland wechseln sich dünn besiedelte Gebiete im Hinterland mit den Ballungsräumen von Bilbao (Kernbereich 370 000 Ew., Großraum über 800 000 Ew.), Vitoria (230 000 Ew.) und San Sebastián (180 000 Ew.) ab. Insgesamt leben rund 2,2 Mio. Menschen in der Region. Im Lauf seiner Geschichte hat das Baskenland durch die Fortschritte der Industrialisierung nicht nur Zuzügler geschluckt. Armut und Perspektivlosigkeit zwangen immer wieder viele Basken in die Emigration. Zwischen 1880 und 1930 gab es größere Emigrationswellen nach Kolumbien, Uruguay, Argentinien, Australien und an die Westküste der USA – davon zeugen dort heute regelrechte baskische Kolonien.

Eta

Eta steht für *Euskadi ta askatasuna,* »Baskenland und Freiheit«. 1959 gründete sich diese Separatistenorganisation, die dem diktatorischen Regime des Generals Franco die Stirn zu bieten begann, 1968 ihren bewaffneten Kampf aufnahm und den Ruf nach baskischer Selbstbestimmung mit Gewalt unterstrich. Zu jenen Zeiten wurden Eta-Terroristen als Freiheitskämpfer verehrt und genossen breite Rückendeckung im Volk, das sich von Franco und seinen Schergen über alle Maßen unterdrückt sah. Nach Francos Tod 1975, der auch das Ende der Diktatur bedeutete, schwor ein Teil der Eta der Gewalt ab.

Der radikale Flügel hingegen setzte den Terror fort und riss im Lauf der Jahre Hunderte Menschen in den Tod. Meist bombte die Eta nicht blind drauflos, sondern suchte gezielt ihre Opfer aus. Ins Fadenkreuz gerieten zuvorderst Staatsrepräsentanten jedweder Art, ob Richter, Politiker oder Polizisten. Dabei handelte es sich fast immer um gezielt ausgesuchte Opfer, weshalb für Touristen nie eine unmittelbare Gefahr bestanden hat.

Brutalste Morde und regelrechte Hinrichtungen brachten ab Ende der 1990er-Jahre in ganz Spanien Millionen Menschen auf die Straße, um gegen die Organisation zu protestieren. Gleichzeitig glückten der Polizei – oftmals in spanisch-französischer Zusammenarbeit – immer

Pelota sei das schnellste Ballspiel der Welt, behaupten die Basken

wieder Festnahmen maßgeblicher Eta-Spitzen.

2006 verkündete die Eta einen einseitigen und unbefristeten Waffenstillstand. Die Hoffnung auf Frieden war allerdings an (nicht offengelegte) Zugeständnisse der sozialistischen spanischen Regierung gekoppelt, die Verhandlungen mit den Terroristen aufnahm. Im Herbst desselben Jahres hingegen folgte ein neuer Eta-Aufruf zur Gewalt.

Fauna und Flora

Aufrecht steht ein übermannsgroßer Braunbär vor einem – allerdings nur als Skelett im Naturwissenschaftlichen Museum in Vitoria. Während größeres Getier wie dieses einst im Gorbeia-Gebirge vorkam und nunmehr verschwunden ist, haben sich Rotfuchs, Steinmarder und Wildschwein, aber auch die seltene Ginsterkatze in der baskischen Fauna erhalten. In Naturschutzgebieten wie Valderejo erhebt der Gänsegeier seine Schwingen, ansonsten kommen in der vielgesichtigen Vogelwelt der Uhu, der Wanderfalke, der Grünspecht und der Eisvogel vor. Außerdem gibt es Salamander, Smaragdeidechsen und zahlreiche Schmetterlingsarten.

In der erfrischend grünen Pflanzenwelt wechseln sich eher bekannte Spezies wie Buchen, Kastanien und Waldkiefern mit Stein- und Pyrenäeneichen ab.

Jakobsweg

Alle Wege führen nach Santiago de Compostela – und manche durch das Baskenland. Nach der wundersamen Entdeckung des Apostelgrabs des hl. Jakobus im 9. Jh. in Galicien bildeten sich die verschiedensten Routen heraus. Hinter der französischen Grenze begannen zwei wichtige Strecken, die im Zuge des heutigen Jakobsweg-Booms allmählich wiederbelebt werden: der sogenannte Küstenweg über San Sebastián, Getaria und Bilbao sowie der Weg durchs Landesinnere, der südwestlich von Tolosa durch den Tunnel von San Adrián führt und über Zalduondo und Vitoria an die Hauptachse Pamplona–León anbindet. Detaillierte Informationen finden Sie im MARCO POLO Band »Jakobsweg Spanien«.

Nationalismus

Vater des modernen baskischen Nationalismus war Sabino de Arana (1865–1903), der Begründer der Baskischen Nationalistischen Partei (PNV). Arana unterstrich die kulturell-rassische Sonderstellung der Basken und zielte auf einen unabhängigen Bund der historischen baskischen Gebiete ab. Diese radikal-nationalistische Sicht setzt sich bis heute fort und deckt sich nicht mit der offiziellen politischen Gliederung, denn unter diesem Aspekt gehören die spanische Nachbarregion Navarra wie auch die französischen Landstriche Soule, Labourd und Basse-Navarre zur Gesamtheit des Baskenlands. Allerdings ist das Baskenland als solches niemals unabhängig gewesen; im Mittelalter war das Territorium immer wieder Spielball der Interessen zwischen verschiedenen Königreichen wie Kastilien und Navarra.

1979, ein Jahr nach Verabschiedung der Verfassung, erhielt das Baskenland ein Autonomiestatut – doch das ist eingefleischten Nationalisten zu wenig. 2002 legte der baskische Ministerpräsident Juan José Ibarretxe seinen »Plan Ibar-

Eine Variante des Jakobswegs, der sogenannte Küstenweg, führt auch über San Sebastián mit seiner prächtigen Promenade an der Muschelbucht

retxe« vor, mit dem er darauf abzielte, das Baskenland in einen mit Spanien assoziierten Freistaat zu verwandeln. 2005 wies das spanische Parlament den Plan zurück. Seither werden ein ums andere Mal Rufe nach einem baskischen Referendum, also einem Volksentscheid laut, der allerdings nicht verfassungskonform ist.

Natur und Umwelt

Knapp ein Fünftel des Baskenlands steht unter Naturschutz, aufgeteilt in etwa 20 Gebiete. An der Spitze stehen Naturparks *(espacios naturales, parques naturales)* und geschützte Biotope *(biotopos protegidos)*, hinzu kommen das Biosphärenreservat *Urdaibai* an der Küste bei Bermeo sowie die beiden kleinen Ökoparks *Karpin Abentura* im Valle de Carranza und *Plaiundi* bei Hondarribia.

Das Bewusstsein für Natur- und Umweltschutz hat sich in den letzten Jahren geschärft, was dem Baskenland zusammen mit Katalonien einmal mehr Pioniercharakter in Spanien verleiht – das gilt auch für die Getrenntmüllsammlung und den Abstransport der Abfälle auf unterirdischen Bändern (z. B. in Vitoria). Auf dem Gebiet des »grünen Tourismus« gibt es Wander- und Radwege, vorbildlich arbeitende Infocenter in den Naturparks, organisierte Sport- und Freizeitanbieter. All dies bedeutet allerdings noch nicht, dass die Schwerindustrie von einem Tag auf den anderen verschwunden wäre.

Pelota

Die Traditionssportart Pelota wird in Hallen und auf Freiluftfeldern gespielt, im Einzel oder im Doppel und in den verschiedensten Modalitäten, die wiederum vom »Zubehör« abhängen. *Pelota vasca* spielt man u. a. mit Holzschlägern oder der blanken Hand. Bei der Disziplin *cesta punta* geht es mit Korbschlägern zur Sache, und jeder Akteur trägt einen Helm. Kein Wunder, denn die Gummibälle sind pfeilschnell – sie erreichen Geschwindigkeiten von bis zu 300 km/h. Matches jeder Art werden oft live im Fernsehen übertragen, während der Spiele frönen die Basken ihrer Wettleidenschaft. Es gibt Pelotaprofis, und in manchen Orten ist die Pelotahalle sogar größer als die Kirche.

Politische Gliederung

Das Baskenland ist eine von 17 Autonomen Gemeinschaften *(Comunidades Autónomas)*, in die sich Spanien aufteilt und die vergleichbar mit Bundesländern sind. An der politischen Spitze steht der Ministerpräsident *(lehendakari)*, der traditonsgemäß von der Baskischen Nationalistischen Partei gestellt wird. Das Baskenland setzt sich aus den drei Provinzen Guipúzcoa, Vizcaya und Álava zusammen; Hauptstadt ist Vitoria. Inmitten der Provinz Álava liegt noch ein Stück »Fremdland«, das administrativ zu Kastilien-León gehört: die rund 200 km^2 kleine, dünn besiedelte Grafschaft von Treviño *(Condado de Treviño)*, deren Gründung auf das Mittelalter zurückgeht.

Sport

Über Pelota hinaus beherrscht König Fußball die Schlagzeilen. Und da gibt es einen Club, der Kult ist im Baskenland und dessen Fußballstadion San Mamés schlichtweg »Kathedrale« genannt wird: *Athletic Bilbao,* mehrfacher spanischer Meister und noch öfter Pokalsieger. Die größte Besonderheit sind die Statuten, die ausschließlich Basken das Spielen in den Reihen von *Athletic* erlauben – entsprechend hoch ist der Identifikationsgrad bei den Fans. Etwas abgemildert geht es in einem anderen traditionsreichen Erstligaverein zu, der *Real Sociedad* aus San Sebastián. Hier dürfen Basken und Ausländer kicken, aber

Literaturtipps

Die Werke Atxagas, ein Kulturschock und tiefe Einblicke

Bernardo Atxaga, einer der bekanntesten baskischen Schriftsteller der Gegenwart, zeichnet sich durch große Wandlungsfähigkeit aus. In »Obabakoak oder Das Gänsespiel« versammelt er zwei Dutzend poetische Geschichten, in den Romanen »Fenster zum Himmel« und »Ein Mann allein« geht es um Schicksale und Sinnsuche von ehemaligen Eta-Aktivisten. Traditionen und Fiestas aus dem Baskenland beleuchtet Marco Polo Autor Andreas Drouve in »Kulturschock Spanien«. Vertiefende Einblicke in die baskische Seele und Kultur liefert Mark Kurlansky mit »Die Basken – Eine kleine Weltgeschichte«.

Gut möglich, dass sich diese Señoras in Bilbao auf Baskisch unterhalten

keine anderen Spanier. In Vitoria sorgen der Fußballverein *Alavés,* 2001 Uefa-Cup-Finalist gegen Liverpool, und die Basketballer von *Tau Cerámica* für Schlagzeilen; 2005 und 2006 schaffte es *Tau* bis ins europäische »Final Four«.

Sprache

Euskera oder *Euskara* heißt die baskische Sprache, deren Wurzeln sich im Dunkel der Geschichte verlieren. Manche Forscher wollen im Wortschatz ansatzweise Parallelen zum Kaukasischen entdeckt haben, andere sehen sie als die älteste Sprache des europäischen Kontinents. Fest steht, dass das Baskische keinerlei Verwandtschaft zu anderen europäischen Sprachfamilien aufweist. Zusammen mit dem normalen Spanisch *(Castellano)*, dem Galicischen *(Galego)* und dem Katalanischen *(Català)* ist *Euskera* eine von vier offiziell anerkannten Sprachen in Spanien.

Schätzungen gehen davon aus, dass Baskisch im historischen Baskenland – also beiderseits der Pyrenäen – von 600 000 bis 700 000 Menschen gesprochen oder zumindest verstanden wird. Gewagtere Schätzungen belaufen sich sogar auf über 1 Mio. Es gibt Zeitungen, Bücher, Fernseh- und Radiosender auf Baskisch und seit 1918 sogar eine eigene Sprachakademie. Heute weit verbreitet ist der Typus der Privatschule *(ikastola)*, wo der Nachwuchs das Pensum auf Baskisch absolviert. In öffentlichen Schulen ist *Euskera* oft Wahlfach.

In ihrer Sprache bezeichnen sich die Basken als *euskaldunak,* »Menschen, die *euskera* reden« – was längst nicht bedeutet, dass heutzutage jeder Baskisch spricht. *Euskera* mag Bewusst- und Selbstbewusstsein ausdrücken, doch ebenso gut wissen die Basken, dass man sich einzig mit Spanisch international verständlich macht.

Traditionen und Nouvelle Cuisine

Im kulinarischen Panorama Spaniens nimmt das Baskenland eine Sonderstellung ein

Feinschmeckern auf der ganzen Welt läuft das Wasser im Mund zusammen, sobald sie ans Baskenland denken. Zusammen mit Katalonien genießt Euskadi den Ruf, die kreativsten Küchenmeister Spaniens zu beheimaten, eine Tendenz, die in den Zeiten der Belle Époque begann und sich vor Jahren mit Kochkünstlern wie Karlos Arguiñano, Juan Mari Arzak und Pedro Subijana fortsetzte. Bis heute ist der Boom ungebrochen und mit Namen wie zum Beispiel Martín Berasategui verbunden. In der gesamten Region dürfen sich die Restaurants in doppelter Hinsicht als »ausgezeichnet« betrachten, denn die Qualität strahlt mit den vergebenen Sternen, Mützen und Gabeln um die Wette.

In Töpfen und Pfannen vermischen sich Traditionen mit kulinarischer Avantgarde, wobei selbst die gewagtesten Kreationen mit Gerichten nach alter Väter Sitte verbunden sind. Da kommen geschmorte Schweinsbäckchen schon einmal mit Linsen daher, Tintenfische mit Reiscreme, Tomatensuppe mit Sardellen. In ihren Restaurants pflegen die Meister ihre *cocina de autor,* ein Ausdruck, der die persönliche Note des Chefs umreißt; eine feststehende deutsche Übersetzung gibt es nicht. Kein Wunder, dass immer wieder neue Spitzenkräfte nachwachsen, werden sie doch von klein auf mit den Wundern und Eigenheiten der baskischen Küche vertraut gemacht. Dazu zählen die *txokos* oder *sociedades gastronómicas,* »gastronomische Gesellschaften«, in denen sich Männer traditionsgemäß zum gemeinsamen Kochen und Essen einfinden. Hier geben sie sich stundenlangen Vorbereitungen hin, stehen in Schürzen gemeinsam am Herd, testen neue Rezepte aus und tafeln bis tief in die Nacht hinein. Wer mit Basken Bekanntschaft schließt, darf es als höchste Ehre empfinden, einmal in den Stammsitz eines solchen kulinarischen Zirkels eingeladen zu werden. Oftmals nämlich sind die gastronomischen Gesellschaften geschlossene, je nach Statut sogar für die eigenen Frauen.

In der baskischen Küche sind der Phantasie keine Grenzen gesetzt – am besten, Sie überzeugen sich bei einem Degustationsmenü selbst! Ein solches *menú de degustación* gilt als Visitenkarte der *coci-*

Knabbert fürs Foto schon mal an Kresse: Kochkünstler Pedro Subijana

Baskische Spezialitäten

Lassen Sie sich diese Köstlichkeiten gut schmecken!

angulas – die Glasaale werden gerne in Schüsselchen mit Olivenöl, angebratenem Knoblauch und ein wenig getrockneter Chilischote serviert; in Feinschmeckerrestaurants findet man sie mitunter in Salaten

bacalao al pil-pil – in Olivenöl und Knoblauch gebrutzelte Stockfischfilets; mit sämiger, mitunter etwas scharfer Sauce

chipirones en su tinta – Tintenfische, gekocht in einer Sauce aus der eigenen Tinte und pürierten Zwiebeln

chorizo – Paprikawurst, meist mit Knoblauchzusatz, wird kalt oder warm gegessen; als einfaches Gericht kommt sie mit Kartoffeln *(patatas)* auf den Tisch

chuletillas de cordero – gegrillte Lammrippchen

chuletón – T-Bone-Steak; wird im Grillrestaurant gelegentlich nach Gewicht berechnet

cuajada – Schafsmilchjoghurt, den man gerne mit Zucker oder Honig süßt

franchipan – Mandelkuchen

goxua – alkoholisch getränkter Biskuit mit Schlagsahne und einer harten Karamellschicht

habas a la vitoriana – Saubohnen auf vitorianische Art, mit Speck und luftgetrocknetem Schinken

kokotxas – zarte Kiemenbacken vom Fisch, die man als exquisite Vorspeise schätzt

marmitako – Fischeintopf mit frischem Thunfisch, Kartoffeln, Tomaten, Zwiebeln, Knoblauch und Chili

migas – geröstete Brotwürfel, zubereitet in Olivenöl und mit Knoblauch, dazu Gewürze, Wurst- und Speckstückchen

pudin de castañas – Kastanienpudding, ein herbstliches Dessert

queso de Idiazábal – aus der Milch der Latxa-Schafe hergestellter Käse, dem eine lange Reifezeit tiefes Aroma verleiht

revuelto de perretxikos – Pilzgericht mit Rührei und Knoblauch, beliebt im Frühjahr

txakolí – leichter, spritziger Wein aus der Küstengegend; etwa 9–11 Prozent Alkoholgehalt

txangurro a la donostiarra – Seespinne auf San-Sebastián-Art, also mit gegartem Lauch, Zwiebeln und Tomatenstückchen

na de autor, kann durchaus zehn Gänge oder mehr umfassen und bringt mit Kostproben auf den unterschiedlichsten Fleisch- und Fischgeschmack. Was da genau auf den Tisch kommt, ist kaum vorherzusagen, denn die Menükompositionen wechseln je nach Marktangebot, Zutaten und neuen Ideen.

Der kulinarischen Spitzenregion entsprechen die Spitzenpreise. Für ein gutes *menú de degustación* sollten Sie mindestens 40 Euro pro Person einkalkulieren, Getränke extra. Keine Sorge, natürlich geht es auch mit weniger Budget: mit einem soliden Tagesmenü *(menú del día)*, das werktags mittags in einfachen Restaurants ab 8 Euro zu haben ist. Ein *menú del día* bietet Vor-, Haupt- und Nachspeise zur Auswahl, Landwein und Brot sind in der Regel im Preis enthalten. Zum Auftakt gibt es oft einen gemischten Salat *(ensalada mixta)* oder einen Gemüsetopf *(menestra)*, danach ein kurz gebratenes Stück Fleisch oder ein Traditionsgericht wie Tintenfisch in der eigenen Tinte, zum Abschluss zum Beispiel eine Crème Caramel *(flan)* oder einen Schafsmilchjoghurt *(cuajada)*.

Auf Kostproben sind viele Kneipen mit ihren *tapas* spezialisiert, Häppchen jedweder Art, die im Baskenland auch den Namen *pintxos* tragen und auf dem Tresen auf ihre Verkoster warten. Die verführerischste – und nach Expertenmeinung in ganz Spanien beste – Auswahl bieten die Bars in der Altstadt von San Sebastián. Hier gibt es regelmäßig Wettbewerbe um die besten *pintxos.*

Ein üppiges Frühstück hingegen ist die Sache der Einheimischen nicht. Gegen 8/8.30 Uhr bescheidet man sich mit einem Milchkaffee *(café con leche)* und allenfalls einem Croissant und geduldet sich lieber ein wenig, bis die erste Zeit der Häppchen anbricht: gegen 12.30/13 Uhr. Dann geben ein *pintxo* und ein Wein das ideale kulinarische Vorspiel fürs Mittagessen ab, das ab 13.30/14 Uhr ansteht. Die Zeit des Abendessens ist ab 21 Uhr gekommen, wobei sich manche Spanier wiederum gerne mit *pintxos* einstimmen und erst um 22/22.30 Uhr mit dem Nachtmahl beginnen.

Im Baskenland, einer Traditionsregion der Bauern und Fischer, ist die Speiseauswahl entsprechend groß. Auf Wochenmärkten und Speisekarten sieht man Fische wie Thunfisch *(bonito)*, Seeteufel *(rape)*, Seehecht *(merluza)*, Meerbarbe *(salmonete)*, Meerbrasse *(besugo)*, Wolfsbarsch *(lubina)* und Seeaal *(congrio)*. Garnelen *(gambas)* und anderes Meeresgetier werden gerne auf der Grillplatte *(plancha)* zubereitet. Auch Oktopus *(pulpo)* und kleine Tintenfische *(chipirones)* genießen einen guten Ruf, während im Inland die verschiedensten Pilzarten, Kartoffeln (in der Provinz Álava), Saubohnen, Pfefferschoten (*guindillas,* zuvorderst aus Ibarra), Tomaten und grüne Paprikaschoten (*pimientos verdes,* u. a. aus Guernica) verbreitet sind.

Auf höchster Qualitätsstufe stehen die Weine aus dem südlichen Baskenland, das an die Rioja und das fruchtbare Becken des Ebro stößt. Dort öffnen sich die Tore zu hervorragenden Weinkellereien *(bodegas)*; die Tropfen tragen die geschützte Herkunftbezeichnung *(denominación de origen)* der Rioja Alavesa.

Mode, Wein und Marktprodukte

Das Baskenland ist keine typische Souvenirregion – dennoch lässt sich sehr gut einkaufen

Die Innenstädte von Vitoria, San Sebastián und Bilbao zeichnen sich durch elegante Shoppingzonen aus und fahren den neuesten Chic an Kleidern und Schuhen auf – auch Baskenmützen sind erhältlich. Große Modebereiche für Sie und Ihn findet man in den Häusern der Großkaufhauskette *El Corte Inglés,* wo Sie sich in der Musikabteilung zudem mit CDs von populären baskischen Musikern wie Kepa Junkera und Fermín Muguruza und Gruppen wie Oskorri und Captain Nemo eindecken können. Jüngere Leute zieht es auf Einkaufstour in preiswerte Modeketten wie *Mango* und *Zara;* originelle T-Shirts gibt's bei *Kukuxumusu.*

Bunt und bodenständig geht es auf den Wochenmärkten *(mercados)* zu, auf denen die regionalen Erzeugnisse obenan stehen; meist sind die Märkte Mo–Sa 9–14 Uhr geöffnet, wobei montags die Fischabteilungen geschlossen bleiben.

Typische Paprika-Knoblauchwürste wie *chorizos* und *txistorras* lassen sich am besten in Plastik verpackt mitnehmen, mitunter kann man sie in Folie einschweißen lassen *(envasar al vacío).* Für den Transport nach Hause sind Hartkäse geeignet, so der feste Schafskäse *Idiazábal,* der eine geschützte Herkunftsbezeichnung trägt. Marktstände und Feinkostgeschäfte fahren eine riesige Bandbreite an typischen Produkten der Region auf: ob Beutelchen mit getrockneten Pilzen, rote Bohnen (sind kiloweise zu kaufen), eingelegte Sardellen oder Knoblauchzwiebeln, außerdem Spargel und Porree in Dosen bzw. Gläsern. Eingelegte Paprika kommen jedoch neuerdings aus Peru! Aus Tolosa stammen bekannte Süßwaren, angeführt von Mandelgebäck wie *tejas* und *canutillos.*

Aus Schlehen entsteht unter Zugabe von Anis ein würziger Likör

Hervorragende Gelegenheit zum Einkauf direkt beim Erzeuger bieten die Weinkellereien in der Rioja Alavesa, am besten nach einer Bodegatour. Gute Landweine gibt es ab etwa 3 Euro und *crianzas* ab 4–5 Euro pro Flasche; für länger gereifte *reservas* sollten Sie mit mindestens 8–10 Euro rechnen. Gute Adressen für den Weinkauf sind die Bodegas in und um Laguardia. Auch andernorts finden Sie gut ausgestattete Weinläden *(vinotecas).* Häufig sind Schilder zu sehen, die mit »Venta de Vinos« auf Weinverkauf hinweisen.

Insider Tipp

Feste, Events und mehr

Stets gibt's etwas zu feiern: mit Festivals, Umzügen, Wallfahrten oder Festwochen

Wenn es ums Feiern geht, bricht bei Spaniens Nordlichtern eine typisch südländische Begeisterung aus: ob beim Karneval oder zum Beispiel bei Patronatsfesten.

Irún: Alarde de Armas

Feiertage

1. Januar Neujahr *(Año Nuevo)*; **6. Januar** Dreikönigstag *(Epifanía)*; **19. März** St.-Josephstag *(San José)*; **Gründonnerstag** *(Jueves Santo)*; **Karfreitag** *(Viernes Santo)*; **Ostermontag** *(Lunes de Pascua)*; **1. Mai** Tag der Arbeit *(Fiesta del Trabajo)*; **12. Oktober** Tag des Spaniertums *(Día de la Hispanidad)*; **1. November** Allerheiligen *(Todos los Santos)*; **6. Dezember** Tag der Spanischen Verfassung *(Día de la Constitución Española)*; **8. Dezember** Mariä Empfängnis *(Inmaculada Concepción)*; **25. Dezember** Weihnachtstag *(Navidad)*. Wichtigen Raum nehmen örtliche Wallfahrten *(romerías)* und Patronatsfeierlichkeiten *(fiestas patronales)* ein – dann stehen die Räder oft mehrere Tage still.

Feste und Veranstaltungen

Januar

19./20. Jan.: großes Patronatsfest in San Sebastián mit der *Tamborrada,* dem Trommelmarathon; am 20. Jan. vormittags Umzug der Kinder

Februar/März

Karneval mit buntem Treiben in Bilbao und Vitoria, aber auch in kleineren Orten wie Markina und Zalduondo (Karnevalssonntag)

März/April

In der Karwoche *(Semana Santa)* finden die bekanntesten Prozessionen in Balmaseda statt, weitere u. a. in Durango, Hondarribia und Segura. Im nahen riojanischen Ort San Vicente de la Sonsierra gibt es schaurige Umzüge der Geißler an Gründonnerstag und Karfreitag.

28. April: am Tag des alavasischen Schutzpatrons San Prudencio Wallfahrt nach Armentia

Juni

Sonntag nach Fronleichnam *(Corpus Cristi):* Prozessionen in Oñati, die auf eine 500-jährige Tradition zurückblicken.
24. Juni: tänzerisch umrahmtes *Cachimorro*-Fest in Laguardia; Wallfahrt nach San Juan de Gaztelugatxe.
29. Juni: *Kaixarranka*-Fest in Lekeitio.
30. Juni: am Tag von San Marcial in Irún Knall und Pulverdampf bei der historischen Waffenparade *Alarde de Armas*

Juli

Monatsanfang bis -mitte: internationales Jazzfestival in Vitoria, das schon über 30 Auflagen erlebt hat; Tickets unter *www.jazzvitoria.com.*
Zweite Monatshälfte: internationales Folklorefestival in Portugalete.
22. Juli: ab Bermeo und Mundaka Meereswallfahrt zur Insel Izaro

August

Monatsbeginn: ★ mehrtägiges Patronatsfest zu Ehren der *Virgen Blanca,* der »Weißen Jungfrau«, in Vitoria, begleitet von viel Musik und Folklore; Festauftakt mit der *Bajada del Celedón,* einer über der Plaza de la Virgen Blanca schwebenden Puppe; eindrucksvolle **Insider Tipp** Laternenprozession am späten Abend des 4. Aug.
Monatsmitte: *Semana Grande,* die große Festwoche von San Sebastián mit Feuerwerk, Kultur- und Sportprogramm.
Zweite Monatshälfte: ★ große Festwoche in Bilbao

September

Monatsbeginn (oder bereits Ende Aug.): *Azkena Rock Festival* in Vitoria; Termine und Tickets unter *www.azkenarockfestival.com.*
8. Sept.: feierlicher Umzug *(alarde)* in Hondarribia, der an den historischen Sieg über die Franzosen im Jahr 1638 erinnert.
Filmfestspiele in San Sebastián.
Insider Tipp Letztes Wochenende: *Mercado Medieval,* großer Mittelaltermarkt im Zentrum von Vitoria

Dezember

24. Dez.: in vielen Dörfern und Städten Weihnachtsumzüge mit dem *olentzero,* einer Köhlerfigur, die aus den Bergen kommt und die frohe Botschaft verkündet

Vitoria: Mercado Medieval

BCH
BBVA
BBVA

Verwandelte Stadt

Seit dem Bau des Guggenheim-Museums hat sich Bilbao vom Industriemoloch zum internationalen Besucherziel entwickelt

Karte in der hinteren Umschlagklappe

Düster, industrieverschandelt und alles andere als ein touristischer Tipp – so sah die heutige 370 000-Ew.-Stadt **[108 C3]** am atlantiknahen Río Nervión noch Anfang der 1990er-Jahre aus. Dann brachte das lokale Sanierungsprogramm den entscheidenden Ruck. Der Wille zum Wagnis war da, Geld in Milliardenhöhe auch. Immer öfter machte die Abrissbirne überkommenen Bauten den Garaus. Aus Alt wurde Neu, aus Grau wurde Grün. Gleichzeitig entstand auf einem vernachlässigten Gelände am Río Nervión 1993–97 das Guggenheim-Museum für moderne und zeitgenössische Kunst, ein Werk des nordamerikanischen Architekten Frank O. Gehry. Niemand hätte zu träumen gewagt, welch eine Investition in die Zukunft Bilbao damit tätigen würde! Mit über 1 Mio. Besuchern pro Jahr ist das Museum mittlerweile zum Motor des Tourismus geworden, unterstützt von einer stetig steigenden Zahl an internationalen Flugverbindungen. Heute hält der Imagewandel der im Jahre 1300 von Diego López de Haro begründeten Stadt unvermindert an. Das bedeutet nicht, dass die einstige Metropole der Werften und Schwerindustrien sämtliche Spuren der Vergangenheit abgestreift hat – doch man arbeitet daran. Beseelt von typisch baskischem Willen und Fleiß.

Säulen neben Glas, Kandelaber neben Neon: Bilbaos Altstadt lebt

Bilbao ist modern und setzt Trends – das spürt man sogar beim Friseur

Wer die Stadt entdecken will, dürfte nicht ausnahmslos alles zu Fuß schaffen. An öffentlichen Verkehrsmitteln stehen Metro, Straßenbahn und Stadtbusse zur Wahl; unbegrenzte Fahrten erlaubt die ein, zwei oder drei Tage gültige »BilbaoCard«, die zusammen mit einem detaillierten Infoheft in den Touristenbüros erhältlich ist.

Puente Colgante: 160 m lang ist die Hängepartie über dem Fluss

SEHENSWERTES

Altstadt [U E–F4]

★ Die als Fußgängerzone aufbereiteten *Siete Calles,* die »Sieben Straßen«, nehmen das Herz der geschäftigen Altstadt ein und deuten mit Namen wie Tendería und Carnicería auf die einst hier tätigen Krämer und Fleischer. Rundherum hat sich der gute alte Charme von Bilbao mit Glasgalerien, wappenverzierten Häusern, Schnörkellaternen, Restaurants, Kneipen und kleinen Läden erhalten. Die Gassenstruktur wird durch die *Catedral de Santiago* durchbrochen, die dem hl. Jakobus geweihte Kathedrale *(Öffnung abhängig von den Gottesdienstzeiten, meist Mo–Fr 10–13 u. 17–19.30 Uhr).* Die Kirche ist traditioneller Halt der Küstenpilger auf dem Jakobsweg, ihre ältesten Bauteile gehen auf das 14. Jh. zurück, der Portikus datiert aus dem 16. Jh., interessant ist der Altarumlauf mit seinen Seitenkapellen.

Im erweiterten Umkreis der Siete Calles verdienen die Markthallen *Mercado de la Ribera* und das flussnahe *Teatro Arriaga* vom Ende des 19. Jhs. Beachtung. Das große Geviert der von Laubengängen umzogenen *Plaza Nueva* wurde im 19. Jh. gestaltet und bietet sich für eine Kaffeepause an, zum Beispiel in der *Cafébar Bilbao* mit Terrasse und einem Tapas-Tresen. Inside Tipp

Flusspromenaden

Im Rahmen des städtischen Verschönerungsprogramms sind am Río Nervión zwischen den *Flussbrücken Arenal* (beim Theater Arriaga **[U E3]**) und *Euskalduna* (beim Museo Marítimo Ría de Bilbao **[U A1]**) äußerst geschmackvolle Promenaden angelegt worden. Hier können Sie ausgiebig promenieren oder joggen. Inside Tipp Aus Richtung Altstadt kommend, liegen das Rathaus, die *Zubizuri-Brücke* von Santiago Calatrava, das Guggenheim-Museum und eine Reihe großer Kinderspielanlagen am Weg.

Parque de Doña Casilda de Iturrizar [U B–C 1–2]

Ansehnlicher Stadtpark, der sich vom Kongress- und Messepalast Euskalduna bis zum Museo de Bellas Artes erstreckt. Es gibt reichlich Ruhebänkchen, einen zentralen Teich und Kinderspielgerät.

Puente Colgante **[108 C2]**
★ Um die Flusseinfahrt nicht für große Schiffe zu blockieren, »schweben« Fußgänger und Fahrzeuge mithilfe eines ausgeklügelten Transportsystems über den Río Nervión – und dies bereits seit Ende des 19. Jhs., was die Puente Colgante – seit 2006 Teil des Unesco-Weltkulturerbes – zur ältesten Schwebebrücke der Welt macht. Der gesamte Brückenbau ist ein Meisterwerk der Stahlbautechnik, errichtet 1890–93. Hier hängt die Sicherheit nicht am seidenen Faden, sondern an Seilen und Türmen aus Stahl. Die Fahrt in den Passagierkabinen bringt Sie in Windeseile vom Vorort Las Arenas nach Portugalete und umgekehrt – doch größer noch ist das Erlebnis auf dem vergitterten, 50 m hohen Fußgängergang *(pasarela)*, zu dem Sie im Panoramalift gelangen. In luftiger Höhe schaut man durch die Gitter unter den Füßen hinab auf die hängende Fracht, während man das Rollen der Stahlseile hört. Die Schwebebrücke ist rund um die Uhr in Betrieb, die *pasarela tgl. 10–20 Uhr (im Sommer bis 21 Uhr), Lift u. pasarela 4 Euro, www.puente-colgante.com*

MUSEEN

Der Eintritt in die wichtigsten Museen kostet 4 Euro (Museo Marítimo Ría de Bilbao), 5 Euro (Museo de Bellas Artes; mittwochs ist der Eintritt frei) und 10,50 Euro (Museo Guggenheim). 12 Euro kostet das preisreduzierte Kombiticket für das Museo de Bellas Artes und das Guggenheim-Museum.

Insider Tipp

Museo de Bellas Artes **[U C2]**
Das weitläufige Museum der Schönen Künste ist vorbildlich nach Epochen aufgezogen, beginnend bei Skulpturen und Gemälden aus dem Mittelalter. In die Zeit des 16./17. Jhs. gehören Meisterwerke von Jan Mandijn (»Festín burlesco«, Burleskes Fest, ist ein echter Höhepunkt), El Greco, Luis de Morales, Bartolomé Esteban Murillo, José de Ribera und Francisco de Zurbarán

MARCO POLO Highlights »Bilbo/Bilbao«

★ **Altstadt**
Bummel durch die Gassen und Besuch der Kathedrale (Seite 28)

★ **Puente Colgante**
Doppeltes Erlebnis am Río Nervión: mit der Schwebebrücke oder ganz oben auf dem Fußgängergang über den Fluss (Seite 29)

★ **Mercado de la Ribera**
Herrliches Getümmel zwischen Ständen voll Fisch und baumelnden Würsten (Seite 33)

★ **Museo Guggenheim**
Besucher aus aller Welt zieht es zum großen architektonischen Wurf des Frank O. Gehry (Seite 30)

Ein großer architektonischer Wurf: das Guggenheim-Museum

(eindrucksvoll: »La Santa Faz«, Das heilige Schweißtuch). Von Francisco Goya gibt es zwei Porträts zu sehen, auch Ignacio Zuloaga und Joaquín Sorolla sind vertreten. In der Sektion für moderne und zeitgenössische Kunst sehen Sie Werke von Fernand Léger, Eduardo Chillida, Jorge Oteiza und Antoni Tápies.

Zwischendurch können Sie im *Museumscafé* frische Kräfte tanken; ein Sondereingang führt in den Bereich für die regelmäßig stattfindenden Sonderausstellungen. *Di–Sa 10–20, So 10–14 Uhr, Plaza del Museo 2, www.museobilbao.com*

Museo Diocesano de Arte Sacro **[U F5]**

Diözesanmuseum der Sakralen Kunst, in dem die Exponate Silberschmiedearbeiten, Skulpturen und Gemälde aus diversen Epochen umfassen. *Di–Sa 10.30–13.30 u. 16 bis 19, So 10.30–13.30 Uhr, Plaza de la Encarnación 9-B*

Museo Guggenheim **[U D1]**

★ Der Volksmund vergleicht die Museumsformen mit aufgefächerten Blüten oder einem gigantischen Schiff, das am Río Nervión angelegt hat. »Das Guggenheim« von Frank O. Gehry ist zum Wahrzeichen und Aushängeschild Bilbaos erwachsen, nicht zuletzt dank seiner hauchdünnen Titanplatten, die der Struktur wie Fischschuppen aufsitzen und ihr einen weithin sichtbaren Glanz verleihen. Ebenfalls markant: Kalksteinblöcke und Glas, die Wassergärten zur Flussseite hin, Jeff Koons' Blumenhund »Puppy« auf der oberen Esplanade sowie der klammerartige Einbezug der benachbarten Brücke.

Das Innere wird beherrscht von einem 50 m hohen Atrium. In der mit 130 x 30 m größten der 19 Galerien ist mit Richard Serra's riesiger Stahlinstallation »Snake« eines der wenigen permanenten Exponate zu sehen. Ansonsten wechseln die Ausstellungen ständig. Meist sind zeitgleich mehrere zu sehen, die Qualität ist ganz unterschiedlich. *Di–So (Juli/Aug. tgl.) 10–20 Uhr, Avenida Abandoibarra 2, www.guggenheim-bilbao.es*

Museo Marítimo Ría de Bilbao **[U A2]**
Nahe dem großen Verladekran »Carola« geht es hinein ins Meeresmuseum, in dem sich alles um die Entwicklung von Bilbaos Hafen und des internationalen Seehandels dreht. Zu sehen gibt es historische Navigationsinstrumente, zahlreiche Schiffsmodelle in Glaskästen sowie die Replik eines vormals von der Stadt bei festlichen Anlässen genutzten Schiffs. Ein Bereich ist wechselnden Ausstellungen vorbehalten.

Das Eintrittsticket berechtigt zum Zugang ins nahe Trockendock, Insider Tipp wo Sie in die Bäuche eines ausrangierten Fischerboots und eines Schleppers steigen können – und das ist nicht nur für Kinder interessant! *Di–So 10–20 Uhr, Muelle Ramón de la Sota 1, www.museomaritimobilbao.org*

Museo Vasco **[U F4]**
Das Baskische Museum steht im Zeichen der Prähistorie und Archäologie, der Geschichte und Volkskunde. Untergebracht ist das Museum in dem Barockbau eines einstigen Jesuitenkollegs, zu dem auch ein kleiner Kreuzgang gehört. Dort ist mit der Steinskulptur »Mikeldi« ein außergewöhnliches prähistorisches Grabmonument zu sehen. In der ständigen Sammlung nehmen Themen wie zum Beispiel Höhlen, Walfang und Glauben besonderen Raum ein. Regelmäßige Wechselausstellungen ergänzen die Schauen. *Di–Sa 11–17, So 11–14 Uhr, Plaza Miguel Unamuno 4, www.euskal-museoa.org*

Historische Kaffeehäuser

Stil und Geschmack – und nicht nur Kaffee

Keramikeinlagen, neomaurisches Dekor, altmodische Schiebefenster zur Straße hin – im 1903 eröffneten *Café Iruña* Insider Tipp *(tgl., Jardines de Albia* **[U E3]***, Tel. 944 23 70 21, €)* atmen Sie das Flair des alten Bilbao. Geschichtsträchtiger noch ist das *Café Boulevard (tgl., Calle Arenal 3* **[U F4]***, Tel. 944 15 31 28)*, das seine Gäste seit 1871 empfängt. Jüngstes im Dreierbund ist das *Café La Granja (tgl., Plaza Circular s/n* **[U E3]***, Tel. 944 23 08 13, €)*, populärer Treff seit 1926. In den Cafés (Iruña, La Granja) bekommen Sie nicht nur Kaffee, sondern auch Tagesmenüs und reichlich Tapas, wobei die marinierten Spießchen *(pinchos morunos)* im Iruña als legendär gelten.

Vermutlich geht's um Politik und Fußball: Männerrunde auf der Plaza Nueva

ESSEN & TRINKEN

Abanda **[U D2]**
Häppchen, Menüs und Portionen *(raciones)* wie hausgemachter russischer Salat und Anchovis in Essig. Gerne geordert werden auch Tintenfisch in der eigenen Tinte und Thunfisch in Tomatensauce. *Tgl., Calle Colón de Larreátegui 31, Tel. 944 24 57 79, €–€€*

Ama Lurre **[U C2]**
Ein Paradies für fein Begaumte, die sich hier fangfrisches Meeresgetier schmecken lassen, und eine gute, in rustikalem Stil gehaltene Einkehrmöglichkeit in der Nähe des Museo de Bellas Artes. *Tgl., Calle Máximo Aguirre 1, Tel. 944 23 71 50, €€–€€€*

Goizeko Kabi **[U B2]**
Moderner Klassiker, der verwöhnte Gaumen in elegantem Wohnzimmerambiente bedient. Gute Weinauswahl. *So geschl., Particular de Estraunza 4, Tel. 944 41 50 04, €€€*

Kaltzo **[U E4]**
Bodenständiges, einfaches Altstadtrestaurant, das stark von Einheimischen frequentiert wird. Sehr günstiges Tagesmenü. *So geschl., Barrenkale Barrena 5, Tel. 944 16 66 42, €*

Lasa **[U D3]**
Abwechslungsreiche Fisch- und Fleischgerichte, die sich mittags gerne die Politiker des nahen Abgeordnetenhauses schmecken lassen. Im Vorbereich Tapas- und Kaffeetreff. *So geschl., Calle de Diputación 3, Tel. 944 24 01 03, €€*

Zortziko **[U E2]**
Feinschmecker lassen sich mit einer ausgefeilten Kreativküche verwöhnen, hohes Niveau zu angemessenem Preisen. *So ganz, Mo abends geschl., Alameda de Mazarredo 17, Tel. 944 23 97 43, €€€*

EINKAUFEN

Shoppingfreunde zieht es auf die Einkaufsmeile *Gran Vía de Don Diego López de Haro* **[U C–E 2–3]**. Hier finden sie das Großkaufhaus *Corte Inglés (n° 7–9)* und Boutiquen wie *Mango (n° 13)*, *Zara (n° 18)*, *Armand Basi (n° 28)* und *Max Mara (n° 56)*. Topmoderne Mode und Accessoires baskischer Designer im *Ah (Muelle de Marzana 7* **[U E5]***)*, Schuhe für sie und ihn bei *Calzados La Palma (Calle del Correo 3* **[U F4]***)*.

Mercado de la Ribera **[U F5]**
★ Der Mercado de la Ribera, 1929 an den Ufern des Río Nervión eröffnet, zählt zu den schönsten und größten Märkten in Nordspanien. Absolut sehenswert ist die Fischabteilung *(Di–Sa)* im unteren Bereich. Einen Stock höher gibt es an zahlreichen Ständen eine Riesenauswahl an Würsten, Käse, Obst und Gemüse, auch Bauernbrote und getrocknete Paprika. *Mo–Do 9–14 u. 16.30–19, Fr 8–14.30 u. 16.30 bis 19.30, Sa 8–14.30 Uhr, Calle de la Ribera*

ÜBERNACHTEN

Albergue Bilbao **[108 C3]**
Gut ausgestattete Jugendherberge; Anbindung an die City per Linienbus. Es gibt Einzel-, Doppel-, Dreier-, Vierer- und Sechserzimmer. *142 Betten, Carretera Basurto-Kastrexana 70, Tel. 944 27 00 54, Fax 944 27 54 79, http://albergue.bilbao.net (mit Formular für Online-Reservierungen), €*

Carlton **[U D3]**
Altehrwürdiges Fünf-Sterne-Haus an einem der wichtigsten Plätze der Stadt. *144 Zi., Plaza Moyúa 2, Tel. 944 16 22 00, Fax 944 16 46 28, www.hotelcarlton.es, €€€*

Conde Duque **[U E2]**
Der Best-Western-Kette angeschlossen; drei Sterne, günstige Lage zwischen Rathaus und Guggenheim-Museum. *67 Zi., Paseo Campo de Volantín 22, Tel. 944 45 60 00, Fax 944 45 60 66, www.hotelcondeduque.com, €€*

Gran Hotel Domine Bilbao **[U C1]**
Modernes Hotel mit einem Konzept von Stardesigner Javier Mariscal, fünf Sterne. Für all jene, die in unmittelbarer Nachbarschaft des Guggenheim-Museums logieren wollen und das nötige Kleingeld haben. *145 Zi., Alameda de Mazarredo 61, Tel. 944 25 33 00, Fax 944 25 33 01, www.granhoteldominebilbao.com, €€€*

Hespería Zubialde **[U A2]**
Gute Vier-Sterne-Adresse nahe dem Stadtpark und dem Musikpalast Euskalduna, wenige Gehminuten bis zur nächsten Metrostation. Hilfsbereites Personal, gutes Frühstücksbuffet. Wer mit dem Auto anreist, sollte sich angesichts der rundherum knappen und gebührenpflichtigen Parkplätze für die hauseigene Garage entscheiden. *82 Zi., Camino de la Ventosa 34, Tel. 944 00 81 00, Fax 944 00 81 10, www.hoteles-hesperia.es, €€–€€€*

Ripa **[U E3]**
In zentraler Citylage nahe dem Teatro Arriaga. Kein Luxus, dafür solide Hotelqualität (ein Stern) und akzeptable Preise. *16 Zi., Calle Ripa 3, Tel. 944 23 96 77, Fax 944 23 18 16, www.hotel-ripa.com, €*

Tags und nachts ein lohnendes Ziel: die »Siete Calles« in der Altstadt

San Mamés **[U A3]**
Ordentlich geführte Pension nahe dem Fußballstadion. Busbahnhof und Metro liegen in günstiger Entfernung. *30 Zi., Calle Don Luis Briñas 15, Tel. 944 41 79 00, Fax 944 41 85 62, www.bilbaoweb.com/hsanmames, €*

FREIZEIT & SPORT

Insider Tipp

Radfahren in der Stadt gewinnt zunehmend an Gewicht, Bikeverleih bei *Alquimoto (Calle Anselma de Salces 9* **[U F2]**, *Tel. 944 01 25 63, www.alquimoto.com).* Auf Initiative der Stadt stehen in einigen Unterkünften Räder zu moderaten Preisen zur Verfügung (Stunde 2 Euro, Tag 6 Euro, Vorlage des Personalausweises obligatorisch); an diesem Programm nehmen u. a. die Hotels Abando, Abba Parque, Barceló Nervión, Hespería Zubialde, Petit Palace Arana, Vista Alegre und Zabalburu teil.

AM ABEND

In der Altstadt sind die *Siete Calles* **[U E–F4]** eine verlässliche Zone, die gerne von den Bilbaínos aufgesucht wird. Populär sind auch Cocktailbars wie *JK (Calle de Iturriza 5), Azzurro (Calle Telesforo Aranzadi 1), J.M. (Calle Heliodoro de la Torre 4)* und *Bilbost (Plaza Pedro Eguillor 2).* Nicht nur Bier, sondern gelegentlich Livemusik gibt es sowohl im *Beer House (Avenida de Madariaga 2)* als auch in der *Lions Tavern (Unión Begoesa 101)*, Rock im *Crazy Horse (Avenida de las Universidades 5)*, Soul- und Jazzklänge im *Bullitt Groove Club (Calle de Dos de Mayo 3).*

Weitere beliebte Treffs sind die Diskobar *Magic (Colón de Larreátegui 1)* und der *Cotton Club (Calle Gregorio de la Revilla 25)* mit Livemusik und DJs. Szenediskos sind *Garden (Avenida Lehendakari Aguirre 13), Holiday (Avenida Ma-*

dariaga 18) und *House* im Conjunto Vacío *(Muelle de la Merced 4)*.

Ein umfangreiches Kulturprogramm, darunter Konzerte (häufig mit dem hervorragenden *Symphonieorchester Bilbao*) und Opern, bietet der Musikpalast *Euskalduna (Tickets meistens Mo–Sa 17–20 Uhr, Avenida Abandoibarra 4* **[U C1]**, *Tel. 944 03 50 00, www.euskalduna.net)*. Konzerte, Operetten, Comedy und Ballett gibt es im *Teatro Arriaga (Tickets Sa–Di 11.30–14 u. 17–19, Mi–Fr 11.30–14 u. 17–20.30 Uhr, Plaza Arriaga 1* **[U F4]**, *Tel. 944 16 35 33, www.teatroarriaga.com)*.

Online-Verkauf von Theater- und Konzertkarten auch unter *www.generaltickets.com*

AUSKUNFT

Plaza del Ensanche 11 **[U D2]**, *Tel. 944 79 57 60, Fax 944 79 57 61, www.bilbao.net;* ein weiteres Büro im internationalen Flughafen, *Tel. 944 71 03 01*

ZIELE IN DER UMGEBUNG

Strände

Mit der Metro oder höchstens ein halbes Stündchen mit dem Auto – freie Fahrt vorausgesetzt –, und schon haben Sie das knapp 25 km nördlich gelegene Städtchen *Plentzia* **[108 C1]** erreicht, das seinerseits mit der benachbarten Küstengemeinde *Gorliz* verschmolzen ist. Hier erwartet Sie eine muschelförmig geschwungene Bucht mit Sandstrand und großen Liegeflächen. Die Gegend steht auch bei Surfern hoch im Kurs. Noch näher an Bilbao liegen die zur Gemeinde *Sopelana* **[108 C2]** gehörigen Strände *Barinatxe* und *Atxabiribil,* beide um 800 m lang.

Auskunft: *Plentzia (Kale Barria 2, Tel. 946 77 55 41, Fax 946 77 40 22, www.plentzia.org); Gorliz (Krutzeta Kalea 5, Tel. 946 77 40 00, Fax 946 77 40 05, www.gorliz.net); Sopelana (Sabino Arana 1, Tel. 944 06 55 19, Fax 946 76 70 15, www.sopelana.net)*

Moderne Architektur

Bilbao ist voller Werke namhafter Baumeister

Der Mut zur Veränderung und die Tatsache, dass Bilbao eine der reichsten und stolzesten Städte Spaniens ist, erklärt die Vielzahl an Werken prominenter Architekten. Auf Frank O. Gehry geht der Geniestreich des Guggenheim-Museums zurück, auf Sir Norman Foster der topmoderne Rahmen der U-Bahn, auf Santiago Calatrava das Gebäude des internationalen Flughafens sowie die »weiße Brücke« Zubizuri. Weiteres Aushängeschild über den Ufern des Río Nervión ist der *Kongress- und Musikpalast Euskalduna* **[U B1–2]**, der in seinem Auditorium eine exzellente Akustik und fast 2200 Besuchern Platz bietet – hier hat das spanische Architektendoppel Federico Soriano und Dolores Palacios ganze Arbeit geleistet.

Häfen, Strände, weite Wälder

An den Küsten und im Hinterland erstrahlt die Provinz in grüner, natürlicher Schönheit

In Häfen wie *Lekeitio* und *Bermeo* riecht es nach Meer und Fisch und Knochenarbeit, doch Fangflotten und Bestände sind geschrumpft. Kein Wunder, dass man sich vielversprechenderen Jobs zuwendet – vor allem in der Hauptstadt Bilbao, aber auch im Tourismus. Hat doch der Küstenstrich der 2200 km^2 großen Provinz Vizcaya reizvolle Ziele zu bieten: Strände, urige Orte und wildromantische Landschaften mit Klippen und Felseninseln. Der Meeresarm von Mundaka setzt den markantesten Einschnitt und steht als Unesco-Biosphärenreservat *Urdaibai* unter Schutz. Im Hinterland liegen dichte Waldgebiete und das geschichtsträchtige *Guernica,* die »heilige Stadt der Basken«.

BAKIO

[109 D1] Die schöne Meereslage und der knapp 1 km lange Sandstrand sind der allerbeste Grund, den 2000-Ew.-Ort zum Stützpunkt zu machen. Highlife und herausragende Monumente sucht man vergebens. Surfer und Ruhesuchende kommen gerne hierher; die kleine Promenade lädt zu entspannten Spaziergängen ein.

Der schön gelegene alte Fischerort Bermeo hat sich der Zeit angepasst

ESSEN & TRINKEN

La Bakiense
Strandnahes Restaurant mit nettem Speisesaal und Terrasse. Zu den Spezialitäten zählen gebratener Tintenfisch und Lammkoteletts; auch Tagesmenü. *Di geschl., Benta Alde 133, Tel. 946 19 42 32,* **€–€€**

Tapas-Bars Insider Tipp
Am westlichen Strandende, gleich hinter der Flussmündung des Zarraga, liegen hintereinander einige Bars. Tapas und Tellergerichte gibt es in der *Bar Itsasargi* und in der *Taberna Ur-Zabal,* beide **€**.

ÜBERNACHTEN

Gaztelu Begi
Gasthaus an der Straße Richtung Bermeo, ca. 3 km außerhalb. Rustikal, mit Restaurant. *8 Zi., San Pelaio 86, Tel. 946 19 49 24, gaztelubegi@bakio.com,* **€**

Hostería del Señorío de Bizkaia
Stilvolles Landhotel, eingerichtet in einem Haus aus dem 19. Jh., Halb-

Ein ganz besonderes Regionalparlament: die Casa de Juntas in Gernika

pension gegen fairen Aufpreis. *16 Zi., José María Cicarda 4, Tel./Fax 946 19 47 25, www.hosteriasreales.com,* €–€€

AUSKUNFT

Urkizaur 28, Tel. 946 19 33 95, Fax 946 19 31 61, www.bakio.org

ZIELE IN DER UMGEBUNG

Bermeo **[109 D–E1]**
Das 14 km östlich gelegene Städtchen (18 000 Ew.) lässt Sie ausgiebig Hafenluft schnuppern; rund um Hafen und Hauptplatz finden Sie einige Terrassenbars. In der *Casa-Torre de Ercilla,* einem wuchtigen Turmhaus, ist das *Fischermuseum (Museo del Pescador, Di–Sa 10–14 u. 16–19, So 10–14.15 Uhr)* untergebracht.

Auskunft: Lamera s/n, Tel. 946 17 91 54, Fax 946 17 91 52, www.bermeo.org

Mundaka **[109 E2]**
Ein kleiner Ort (2000 Ew.) mit lauschigem Hafenbecken und Promenaden, die hinter der Kirche herrliche Ausblicke auf den Meeresarm erlauben. Mundaka ist beliebt bei Surfern. Camper finden einen ganzjährig geöffneten Platz mit *Camping Portuondo (Tel./Fax 946 87 77 01, www.campingportuondo.com).* Mundaka liegt 17 km östlich von Bakio und ist als Ausflugsziel gut kombinierbar mit Bermeo und San Juan de Gatzelugatxe.

San Juan de Gatzelugatxe **[109 D1]**
★ Schwer atmend geht es 231 Steinstufen zur bedeutendsten baskischen Seefahrerkapelle hinauf, Ausblicke und Eindrücke sind überwältigend. Die seit dem Mittelalter dokumentierte Kapelle ist zwar meist geschlossen, doch hier ist der Weg das Ziel. Felsnasen ragen rundherum aus dem Atlantik, in der Tie-

fe des vorgelagerten Massivs rollen die Wellen durch natürliche Bögen. Von den Aussichtsterrassen um das kleine Gotteshaus schweift der Blick an den wilden Klippen entlang bis zur Bucht von Bakio und zum leuchtturmbesetzten Kap Matxitxako. *Rund 5 km nordöstlich; leicht zu übersehender Abzweig von der Hauptstraße Bakio–Bermeo abwärts. Endpunkt ist ein Parkplatz, ab dort geht es zum Treppenzugang.*

GERNIKA/GUERNICA

[109 E2] *Ciudad de la paz,* »Stadt des Friedens« nennt sich Gernika und setzt mit seinem Beinamen nach den verhängnisvollen Bombardements von 1937 ein deutliches Zeichen gegen Krieg und Gewalt. Gernika (16 000 Ew.; auch Gernika-Lumo) trägt als weiteren Namenszusatz »Heilige Stadt der Basken«, da sich die Altvorderen hier einst unter einer großen Eiche versammelten und gemeinsam ihre Beschlüsse fällten; selbst die Herren über Vizcaya (baskisch: Bizkaia) und Könige von Kastilien sollen unter der Eiche ihren Eid auf die Wahrung von Sonderrechten abgelegt haben. Insofern ist die Eiche – und damit der Ort Gernika selbst – ein Symbol für den baskischen Freiheitsgedanken.

SEHENSWERTES

Casa de Juntas
Die Casa de Juntas, das Parlamentsgebäude von Vizcaya, wurde im 19. Jh. in neoklassizistischem Stil erbaut, im Inneren mit Bildnissen der Herrscher von Vizcaya geschmückt und kann heute besucht werden. Das Parlamentsgelände ist von Gittern umzogen, mittendrin nehmen der *Árbol* (Baum) und ein über 200 Jahre alter Eichenstumpf in einem Ehrentempelchen besondere Plätze ein. Beide sollen Nachfahren der legendären Eiche von Guernica sein. *Tgl. 10–14 u. 16–18 Uhr, im Sommer bis 19 Uhr*

Parque de los Pueblos de Europa
Kleiner Stadtpark mit Bänkchen, Teich und einer Büste zu Ehren von Wilhelm Freiherr von Humboldt,

MARCO POLO Highlights »Bizkaia/Vizcaya«

★ **Bosque Pintado**
Der einzigartige »Bemalte Wald« ist ein Werk des baskischen Künstlers Agustín Ibarrola (Seite 41)

★ **Playa de Laga**
Strandtraum mit wuchtigen Felsnachbarn (Seite 43)

★ **Lekeitio**
Pittoreskes Ortsbild mit einem Hafen, einer Felseninsel und zwei Stränden (Seite 42)

★ **San Juan de Gaztelugatxe**
Die wilde baskische Küste in Traumansichten (Seite 38)

dem »Freund des baskischen Volks«. Eine Brücke führt hinüber zu einer winzigen Grünanlage, aus der sich zwei beachtliche Skulpturen von Henry Moore und Eduardo Chillida erheben.

MUSEEN

Museo de la Paz
Friedensmuseum mit wechselnden Ausstellungen, bei denen nicht zuletzt der Spanische Bürgerkrieg thematisiert wird. *Im Sommer Di–Sa 10–19, So 10–14 Uhr, sonst 10–14 u. 16–19, So 10–14 Uhr, Foru Plaza 1, www.museodelapaz.org*

Museo Euskal Herria
Das 2006 neu eingeweihte »Museum des Baskenlands« ist in einem trutzigen Barockpalais untergebracht und zeigt historische Dokumente, Gemälde und aufschlussreiche Schautafeln (u. a. zur Emigration der Basken). Die volkskundliche Abteilung im Obergeschoss ist das Interessanteste für auswärtige Besucher – hier können sie sich Kopfhörer aufsetzen und lauschen, wie typisch baskische Musikinstrumente klingen. *Di–Sa 10–14 u. 16–19, So 11–15 Uhr, Allendesalazar 5, www.bizkaia.net/euskalherriamuseoa*

Insider Tipp

ESSEN & TRINKEN

Arien
An einem netten Innenstadtplatz gelegen. Terrassenbereich, günstiges Tagesmenü, Tapas in der gleichnamigen Cafeteria nebenan. *Mo abends, So geschl., Eriabarrena 2, Tel. 946 25 85 51,* **€**

Castillo de Arteaga
Dieses 5 km nördlich gelegene Traumschlösschen ist von gepflegten Wiesen umgeben. Der feudale Rahmen dient zum einen als Hotel (**€€€**), zum anderen als Restaurant. Die Tafel ist gepflegt, die Küche kreativ. Meeresfrüchte schwimmen auf der Speisekarte obenan. *Tgl., Gaztelubide 7, Gautegiz-Arteaga, Tel. 946 27 04 40, www.castillodearteaga.com,* **€€€**

Tragik um Gernika

Der Luftangriff auf die heilige baskische Stadt

Zeitzeugen sprachen von einem strahlenden Tag, jenem 26. April des Jahres 1937. Dann verdunkelten fremde Flugzeuge den Himmel, Bombe um Bombe fiel. Innerhalb von drei Stunden fanden über 1600 Zivilisten den Tod. Dahinter steckte die hitlerdeutsche Legion Condor, die Gernika in Absprache mit der nationalistisch-faschistischen Heeresleitung unter General Francisco Franco dem Erdboden gleichmachte – ein erschütternder Markstein im Spanischen Bürgerkrieg 1936–39. Die Gräuel ruft Pablo Picassos großformatiges (349 x 777 cm) Antikriegsgemälde »Guernica« höchst eindrücklich ins Gedächtnis, das noch 1937 entstand und heute im Museo Reina Sofía in Madrid zu sehen ist.

Kunst am Baum: bunt bemalte Kiefern im Bosque Pintado

ÜBERNACHTEN

Akelarre
Pension in der Fußgängerzone, alle Zimmer mit Bad und TV, sauber und einfach. *17 Zi., Barrenkale 5, Tel. 946 27 01 97, Fax 946 27 06 75, www.hotelakelarre.com,* €

Gernika
Solide Adresse an der Ausfahrt nach Bermeo, der Stadtkern ist dennoch problemlos zu Fuß erreichbar. *40 Zi., Carlos Gangoiti 17, Tel. 946 25 03 50, Fax 946 25 58 74, www.hotel-gernika.com,* €€

Katxi
Kleines Landhotel im Örtchen *Andra Mari* **[109 D3]**, ca. 10 km südöstlich von Gernika. Die Zimmer sind großzügig und mit viel Liebe zum Detail eingerichtet, der Service ist aufmerksam und persönlich. Bar und Restaurant in unmittelbarer Nähe. Anfahrt über Muxika/Mugica, dort Abzweig Richtung Morga, später weiterer Abzweig in Richtung Larrabetzu. *9 Zi., Andra Mari (Morga), Tel. 946 27 07 40, Fax 946 27 02 45, www.katxi.com,* €€

AUSKUNFT

Artekalea 8, Tel. 946 25 58 92, Fax 946 25 32 12, www.gernika-lumo.net

ZIELE IN DER UMGEBUNG

Bosque Pintado **[109 E2]**
★ Farbspiralen ringeln sich um die Baumstämme. Flächen und Formen leuchten in Rot, Gelb, Grün und Blau. Ein paar Kiefern weiter treten stilisierte Augen hervor – man fühlt sich regelrecht beobachtet! Mit seinem Bosque Pintado, dem »Bemalten Wald«, ist dem zeitgenössi-

…en Künstler Agustín …roßer Wurf gelungen, …d Natur auf besondere W… …eint. Da der abgelegene Bosque Pintado jederzeit frei zugänglich und Ibarrola als Wortführer der Friedensbewegung gegen den Eta-Terrorismus hervorgetreten ist, hat sein Waldkunstwerk öfter Frevel hinnehmen müssen.

Um den 9 km nordöstlich von Gernika gelegenen Wald zu erreichen, stellen Sie Ihr Fahrzeug am besten auf dem Parkplatz der *Cuevas de Santimamiñe (s. u.)* ab. Etwa 200 m zurück an der Straße weist ein Schild zum 3 km entfernten Bosque Pintado; hier geht es durch Wald auf einer breiten Piste voran, die nur für geländegängige Fahrzeuge geeignet ist. Wenige Hundert Meter vor dem Ziel geht die Piste in einen schmalen, steilen Pfad über.

Cuevas de Santimamiñe [109 E2]
Seit die prähistorischen Malereien für die Öffentlichkeit gesperrt wurden, ist Santimamiñe nur noch für Höhlenfans interessant. Der Zugang ist strikt geregelt *(Führungen Mo–Fr 10, 11.15, 12.30, 16.30, 18 Uhr; nicht immer zuverlässig; maximal 15 Personen)*. Ab dem Parkplatz, 6 km nordöstlich von Gernika, führen über 300 Stufen hinauf durch den Wald vor das Eingangsgitter der Höhle.

Playa de Laida [109 E1]
Der längste und beste Strand an der Ría de Mundaka, verbunden mit sehenswerten Dünen. Parkplätze an der Durchgangsstraße; 15 km nördlich von Gernika.

LEKEITIO

[109 F2] ★ Atlantik, Handel und Fischfang haben Lekeitio (8000 Ew.) von alters her ihren Stempel aufgedrückt. Aus Furcht vor Feinden war das 1325 auf Betreiben der Gräfin María Díaz de Haro gegrün-

Im Hafen von Lekeitio liegen Fischkutter aller Größen – auch solche kleinen

dete Küstenstädtchen an der Mündung des Río Lea einst stark befestigt. Heute hat es seinen Wehrcharakter weitgehend verloren und öffnet sich mit seinen beiden Stränden, dem Hafen, Tavernen und einer winzigen Altstadt für Besucher. Auf Balkons stehen Butangasflaschen und Blumentöpfe, auf Spanngittern bläht sich die frisch gewaschene Wäsche im Wind. Möwengekreisch dringt von der unbewohnten Insel *Garraitz* herüber, die gegenüber dem Karraspio-Strand zum Greifen nah liegt. Auf der Landseite ist der Ort von Hängen und Wäldern umrahmt.

SEHENSWERTES

Iglesia de Nuestra Señora de Asunción

In der spätgotischen Kirche verdient das prächtige Hauptretabel vom Beginn des 16. Jhs. Beachtung. Vor dem Gotteshaus *(meist tgl. 8–12 u. 17–19.30 Uhr)* breitet sich der Hauptplatz mit Musikpavillon und schattigen Bänkchen aus, gegenüber liegt das Rathaus.

ESSEN & TRINKEN

Goitiko

Im erweiterten Hafenbereich gelegenes Restaurant, das in erster Linie auf Meeresfrüchte setzt. Außerdem gibt es Tellergerichte und das Tagesmenü. *Mi geschl., Foru enparantza s/n, Tel. 946 84 31 03,* €–€€

Tapas-Bars

Rund um den Hafen bieten einige Tavernen Terrassenplätze an und eine gute Häppchenauswahl, unter ihnen die Bars *Marina* und *Azoka*; beide €.

ÜBERNACHTEN

Albergue Trinkete Etxea

Im Jugendherbergsstil gehalten, Zimmer für 2–7 Personen, Gemeinschaftsbäder, günstig. *56 Betten, Eusebio Maria de Azkue 5, Tel. 902 54 04 50, Fax 946 84 41 76, www.trinkete.net,* €

Emperatriz Zita

Drei-Sterne-Haus in günstiger Lage über dem Isuntza-Strand. Zum Hotel gehören ein Restaurant und eine ausgesprochen schöne Caféterrasse. Insider Tipp Hauseigene Parkplätze. *42 Zi., Santa Elena s/n, Tel. 946 84 26 55, Fax 946 24 35 00, www.aisiahoteles.com,* €€

STRÄNDE

An den Hafen schließt sich der Sandstrand *Isuntza* mit ausgewiesener Schwimmerzone an. Etwas länger ist der Sandstrand *Karraspio* auf der anderen Seite der Flussmündung.

AUSKUNFT

Independentziaren enparantza s/n, Tel. 946 84 40 17, Fax 946 84 41 67, www.lekeitio.com

ZIEL IN DER UMGEBUNG

Playa de Laga **[109 E1]**

★ Zwischen schroffen Felsmassiven breitet sich auf 600 m einer der schönsten Strände im Baskenland aus; gebührenpflichtiger Parkplatz. In der Ferne fällt der Blick auf die Felseninsel *Izaro*. Die Playa de Laga liegt rund 20 km nordwestlich von Lekeitio nahe dem Kap Ogoño; auf dem Weg lohnt sich ein Abstecher ins pittoreske Fischerdorf *Elantxobe*.

Kleine Welt voll großer Kontraste

Strände, Häfen, Schlemmertempel und Kunstgenüsse lassen kaum Wünsche offen

Mar y montaña, Meer und Berge – in der mit gerade einmal 2000 km² kleinsten baskischen Provinz Guipúzcoa liegt alles zum Greifen nah. Die Hauptstadt *Donostia/San Sebastián* gilt als Dame unter Spaniens Städten, unübertroffen an Chic und Eleganz. Das »baskische Nizza« wurde einst vom Königshaus als Sommerfrische genutzt, außerdem gibt es in der Altstadt von San Sebastián die besten Tapas landesweit. Und rundherum überraschen Spitzenköche mit immer neuen kulinarischen Raffinessen. In Küstengemeinden wie *Zumaia* und *Getaria* hat sich der maritime Charakter erhalten; in Getaria wirft der Wal im Wappen ein Licht auf die Vorväter, die einst monatelang zum Walfang unterwegs waren. Die beiden Strandstädtchen *Zarautz* und *Hondarribia* liegen in der Urlaubergunst obenan und zeigen sich bestens auf die Besucherströme eingestellt.

Wer mit dem eigenen Fahrzeug an der Küste unterwegs ist, kommt um Getaria und Hondarribia sowie zwischen Zumaia und Deba

Kunst auf der Klippe: Eduardo Chillidas »Windkamm«-Skulpturen an der Playa de Ondarreta

Die neogotische Catedral del Buen Pastor in San Sebastián

in den Genuss besonders schöner An- und Aussichten. Ein paar Kilometer landeinwärts sieht es dann ganz anders aus. Da ragen bizarre Felsmassive auf, plätschern Bachläufe, wuchern Farn und Fingerhut. Und die sattgrünen Täler sind mit Wiesen, Weiden und den typischen trutzigen Landhäusern gefüllt.

DONOSTIA/ SAN SEBASTIÁN

Karte auf Seite 48

[111 D2] ★ Es begab sich gegen Ende des 19. Jhs., dass das spanische Königshaus San Sebastián (180 000 Ew.) zum Sommersitz erwählte – und der Adel strömte in

Zentrum der Altstadt: die Plaza de la Constitución mit ihren Arkaden

Scharen hinterher. An die Strände, ins Kasino (das spätere Rathaus), in Hotels und Gourmettempel, ins Theater Victoria Eugenia, an die Fluss- und Meerespromenaden. Jene Epoche gab der einstigen Fischersiedlung einen unnachahmlich eleganten und elitären Anstrich, der sich bis heute erhalten hat. Die Provinzhauptstadt an der »Muschelbucht« Bahía de la Concha zählt zu den schönsten und lebensqualitativ hochwertigsten Orten in ganz Spanien. Hinzu kommen einige Besonderheiten: drei Berge (Ulía, Igeldo, Urgull), der Sport- und Fischerhafen, Promenaden und preisgekrönte Spitzenrestaurants, Parks wie die Jardines de Aiete und die Gärten des Palacio de Miramar. Ein Hochgenuss: die Menge der Tapas-Bars in der Altstadt! Und: Alljährlich im September rücken Leinwandstars selbst aus Hollywood zum internationalen Filmfestival an.

SEHENSWERTES

Altstadt

Das stimmungsvolle historische Viertel liegt rund um die *Plaza de la Constitución,* an der nummerierte Logen an die einstmals hier abgehaltenen Stierkämpfe erinnern. Rundherum liegen erstklassige Tapas-Kneipen. Die barocke Kirche *Santa María* stößt unmittelbar an den Monte Urgull, die Kirche *San Vicente* (16. Jh.) ist einem Märtyrer, dem hl. Vinzenz geweiht, das einstige Dominikanerkloster beherbergt das *Museo de San Telmo.*

Monte Igeldo/Igueldo

★ San Sebastiáns westlicher Aussichtsberg (200 m) ist entweder mit dem Auto erreichbar (gebührenpflichtige Zufahrt) oder per Zahnradbahn *(funicular).* Die Panoramaplateaus erlauben Traumblicke über die Stadt und die Muschelbucht. *Funicular: April–Sept. Mo–Fr*

11–18, Sa/So 11–20 Uhr, im Hochsommer bis 22 Uhr, Okt.–März Mi geschl.

Monte Urgull

Ein ausgedehntes Wegenetz spannt sich über diesen 120 m hohen Gipfel, der sich über dem historischen Viertel erhebt. Ziele sind der Engländerfriedhof, die Festungsreste des im Mittelalter begonnenen Castillo de Santa Cruz de la Mota sowie die moderne Christusstatue. Insider Tipp Je höher Sie kommen, desto schöner die Ausblicke.

MUSEEN

KutxaEspacio de la Ciencia

Interaktives Wissenschaftsmuseum, das mit Themen wie Mechanik, Licht und Energie einen breiten Rahmen absteckt. Gesonderter Eintritt ins Planetarium. *Di–Sa 10–19, So 11–19 Uhr (im Sommer jew. bis 20 Uhr), Mikeletegi Pasealekua 43, www.miramon.org*

Museo Naval

Kleines Schifffahrtsmuseum mit Bootsmodellen, Schautafeln, Reproduktionen historischer Fotos und der Nachbildung eines Walfängerboots aus dem 13. Jh. Filmvorführungen im Videosaal. Im zweiten Stock Wechselausstellungen. *Di–Sa 10–13.30 u. 16–19.30, So 11–14 Uhr, Paseo del Muelle 24*

Museo de San Telmo

Erster Blickfang in diesem einstigen Dominikanerkloster ist der Kreuzgang, von dem aus es in die Kirche mit den großformatigen Wandmalereien des Katalanen Josep Maria Sert geht. Das Museum teilt sich in verschiedene Sektionen wie z. B. Volkskunde (mit nachgebautem baskischem Bauernhaus) und Malerei auf. In der überraschend gut bestückten Insider Tipp Gemäldegalerie sind u. a. El Greco und Alonso Cano vertreten, während Ignacio Zuloaga und Gustavo Maeztu das Schaffen bedeutender baskischer Maler reprä-

MARCO POLO Highlights »Gipuzkoa/Guipúzcoa«

★ **Museo Chillida-Leku**
Werkschau des Bildhauers Eduardo Chillida (Seite 51)

★ **Jaizkibel**
Küstenmassiv mit Bergheiligtum und Panorama (Seite 55)

★ **Tapas-Bars**
Theken voller kleiner kulinarischer Kunstwerke (Seite 48)

★ **Museo Ignacio Zuloaga**
Kleinod eines Malers und Kunstsammlers (Seite 61)

★ **»Heiliges Haus«**
In Loiola auf der Spur des Ignatius v. Loyola (Seite 60)

★ **Monte Igeldo/Igueldo**
Der aufregendste Blick über San Sebastián (Seite 46)

★ **Strand von Zarautz**
Sandige Augenweide mit Promenade (Seite 58)

★ **Donostia/San Sebastián**
Die stilvolle Schönheit an der Muschelbucht (Seite 45)

sentieren. *Di–Sa 10.30–13.30 u. 16–19.30, So 10.30–14 Uhr, Eintritt frei, Plaza de Zuloaga 1*

ESSEN & TRINKEN

Kursaal

Cafeteria mit Bar und Terrasse neben dem Kongresszentrum, eine gute Adresse für das Mittagsmenü. Gleich nebenan führt ein separater Eingang ins gleichnamige Restaurant, das wesentlich teurer ist (€€€). *Mo geschl., Avenida Zurriola 1, Tel. 943 00 31 62, €€*

Mariñela

Nette Adresse hinter dem Fischerhafen, recht einfach. Hier bekommen Sie Fischsuppe, Tintenfische, Krake, Garnelen, gebratene Sardinen – und haben in der wärmeren Jahreszeit von der Terrasse das Geschehen an der verkehrsfreien Promenade im Blick. *Tgl., Paseo Muelle 15, Tel. 943 42 13 88, €– €€*

Tapas-Bars

★ Im Tapas-Paradies San Sebastián führt der Weg unweigerlich in die Altstadt, wo eine riesige Auswahl wartet: z. B. *Ganbara (Calle San Jerónimo 21), Munto (Calle Fermín Calbetón 17)* sowie *La Cuchara de San Telmo, La Cepa* und *Gandarias* in der *Calle 31 de Agosto.* Alle €

Zurriola Marítimo

Der große Pluspunkt ist die herrliche Fensterfront zum Zurriola-Strand hin. Mittagsmenüs, Seitenterrasse für den Kaffee und drinnen eine gute Tapas-Auswahl an der Bar. *Im Sommer tgl., sonst Mo geschl., Paseo de la Zurriola 41, Tel. 943 29 78 53, €€*

EINKAUFEN

Gepflegte Shoppingzonen zwischen der Alameda del Bulevard und der Plaza del Buen Pastor, u. a. in den Straßen *Gardibai, Fuenterrabía* und *Loiola.* Aus den Markthallen *La Bretxa (Alameda del Bulevard)* wurde ein kleines Einkaufszentrum mit dem Schwerpunkt auf Boutiquen.

ÜBERNACHTEN

Abba de Londres y de Inglaterra
Herrlich plüschig und altmodisch, in Vorzugslage an der Promenade hinter der Muschelbucht. Wenn Sie schon mal hier in eine luxuriöse Übernachtung investieren, dann buchen Sie unbedingt ein Zimmer mit Blick zur Bahía de la Concha. *148 Zi., Calle Zubieta 2, Tel. 943 44 07 70, Fax 943 44 04 91, www.hlondres.com, €€€*

Insider Tipp

Albergue Ondarreta La Sirena
Jugendherberge nahe dem Strand von Ondarreta. Am besten so früh wie möglich reservieren. *96 Plätze, Paseo Igeldo 25, Tel. 943 31 02 68, Fax 943 21 40 90, www.donostiaalbergues.org, €*

Albergue Ulía Mendi
Jugendherberge in angenehmer Lage im Parque de Ulía. Reservierung obligatorisch (auch online). *60 Betten, Paseo de Ulía 299, Tel. 943 32 01 79, Fax 943 21 40 90, www.donostiaalbergues.org, €*

Camping Igueldo
Gute Adresse für Sparfüchse, recht weit außerhalb. Der Campingplatz hat ganzjährig geöffnet und eine Kapazität für etwa 750 Leute. *Paseo Padre Orkolaga 69, Barrio Igeldo,*

Verführerische Vielfalt: Tapas sind das allerbeste Fast Food

Tel. 943 21 45 02, Fax 943 28 04 11, www.campingigueldo.com

María Cristina
Städtisches Vorzeigehaus, das sein altes, herrschaftliches Flair kultiviert. Hier steigen häufig Prominente ab, hier bezahlt man die höchsten Übernachtungspreise in ganz San Sebastián. Fünf Sterne, gute Lage nahe der Flussmündung des Urumea. *135 Zi., Calle Oquendo 1, Tel. 943 43 76 00, Fax 943 43 76 76, www.westin.com/mariacristina,* €€€

Monte Ulía
Einfaches Hotel an der östlichen Einfallstraße aus Richtung Frankreich, günstig für Autofahrer ist der hauseigene Parkplatz. *46 Zi., Avenida Alcalde Jose Elosegi 21, Tel. 943 32 67 67, Fax 943 32 64 00, www.hotelmonteulia.com,* €– €€

Parma
Für dieses Zwei-Sterne-Hotel spricht u. a. seine zentrale Lage nahe Altstadt und Zurriola-Strand; alles ist gut zu Fuß erreichbar. Schnörkellose Einrichtung. *27 Zi., Paseo de Salamanca 10, Tel. 943 42 88 93, Fax 943 42 40 82, www.hotelparma.com,* €€

FREIZEIT & SPORT

San Sebastián zählt zu den wenigen spanischen Städten mit guten Radwegen; Fahrradverleih bei *Bici Rent Donosti (Paseo de la Zurriola 22, Tel. 943 29 08 54)* und *Amara Bike (Calle de la Real Compañía de Caracas 12, Tel. 943 45 73 67)*. Schlittschuhlaufen ist im »Eispalast« *Palacio del Hielo* möglich *(Paseo de Anoeta 24, Tel. 943 46 44 04)*. Wellnessfreunde zieht es ins Thalasso- und Sportzentrum *La Perla (Paseo de la Concha s/n, Tel. 943 45 88 56)*.

Stadtrundfahrten
Citytrips im Bus bietet *Turístico Donosti Tour* an, ein Routenplan mit Verkehrszeiten und Haltestellen ist im *Tourismusbüro (Calle Reina Re-*

Architektur und Bildhauerei

Die Moderne in San Sebastián

Türme von Moneo« hat der Volksmund den Kongress- und Musikpalast *Kursaal* genannt, der sich hinter dem Strand von Zurriola und der Flussmündung des Urumea erhebt – ein Werk von Spaniens zeitgenössischem Stararchitekten Rafael Moneo. Der baskische Bildhauer Eduardo Chillida (1924–2002) ist mit seinen »Windkamm«-Skulpturen zu Bergesfüßen des Igeldo vertreten, sein Zeitgenosse Federico Coullaut-Valera (1912–89) mit dem 29 m hohen Christusmonument auf dem Monte Urgull. Auf Jorge Oteiza (1908–2003) gehen die »Leere Konstruktion« am Paseo Nuevo und »Das Erbarmen« an der Kirche San Vicente zurück, auf den 1930 geborenen Agustín Ibarrola »Die Silhouetten« auf der Plaza Gabriel Celaya.

Playa de la Concha: San Sebastiáns Hausstrand ist stets gut besucht

gente 3) erhältlich. Zwischen Anfang Juni und Ende September pendeln Boote zwischen dem Sporthafen und der inmitten der Muschelbucht gelegenen *Isla Santa Clara*; im Regelfall täglich 10–20 Uhr. Ansonsten starten zur wärmeren Jahreszeit ab dem Fischerhafen Bootstouren durch die Bucht, Abfahrten unregelmäßig.

STRÄNDE

An der Küstenlinie finden Sie drei städtische Sandstrände: zwischen den Hügeln Ulía und Urgull die *Playa de la Zurriola,* zwischen den Hügeln Urgull und Igeldo an der Muschelbucht die *Playa de la Concha* und die *Playa de Ondarreta.* Die ca. 800 m breite Playa de la Zurriola ist beliebt bei Surfern und Beachvolleyballern und wird – im Gegensatz zu den Stränden an der Muschelbucht – nicht so stark von der Flut eingenommen.

AM ABEND

Junges Publikum findet sich in den Kneipen- und Tapas-Treffs der Altstadt, u. a. in den Gassen *San Jerónimo, Fermín Calbetón* und *31 de Agosto.* Konzerte jedweder Art im Auditorium *Kursaal (Avenida Zurriola 1, Tel. 943 00 31 80, www.fundacionkursaal.com)*, gelegentlich Klassikkonzerte in der *Catedral del Buen Pastor,* Livejazz häufig im *Altxerri (Calle Reina Regente 2).* Auf einen Drink trifft man sich gerne im *Argia (Calle Pescadería 3).*

AUSKUNFT

Reina Regente 3, Tel. 943 48 11 66, Fax 943 48 11 72, www.donostia.org

ZIEL IN DER UMGEBUNG

Museo Chillida-Leku **[111 D3]**

★ Rund 10 km südlich bei Hernani erfüllte sich der international bekannte Bildhauer Eduardo Chillida (1924–2002) noch zu Lebzeiten seinen Traum von einer umfassenden Werkschau. Über ein weitläufiges Wald- und Wiesenareal verteilte er mehr als drei Dutzend seiner Werke aus den verschiedensten Materialien wie Metall, Granit und Alabaster – ein einzigartiges Freilichtmuseum und eine treffliche Verbindung von Kunst und Natur. Das mit 9 m größte Exponat heißt »Das Licht suchend« *(Buscando la Luz)*, die Skulptur »Verbindung« *(Lotura)* wiegt annähernd 60 t. Ins künstlerische Gesamtganze einbezogen ist das umgestaltete Bauernhaus *Zabalaga,* das Raum gibt für kleiner dimensionierte Arbeiten Chillidas. *Juli/Aug. Mo–Sa 10.30 bis 20, So 10.30–15 Uhr, Sept.–Juni Mi–Mo 10.30–15 Uhr, Barrio Jáuregui 66, Hernani, Eintritt 8 Euro, zusätzlich 3,50 Euro für einen Audioguide auf Deutsch, www.museochillidaleku.com*

Eduardo Chillida im Sommer 2000 auf dem Gelände seines Museums

HONDARRIBIA

[111 E2] Vielgesichtig wie die umliegende Landschaft mit dem Küstenmassiv *Jaizkibel,* dem leuchtturmbesetzten *Kap Higuera,* der Bucht von *Txingudi* und dem spanisch-französischen Grenzfluss *Bidasoa/Bidassoa* zeigt sich das weit auseinandergezogene Städtchen (15 000 Ew.) selbst: mit Sandstrand, Sporthafen, Altstadt und Flusspromenaden. Von alters her verdankt Hondarribia seine Bedeutung der strategischen Grenzlage, 1203 erhielt die schon lange vorher befestigte Siedlung ihr Stadtrecht. Heute verbringt die baskische und madrilenische Geldelite hier liebend gerne die Sommer – was die Hotel- und Immobilienpreise belegen. Bodenständiger geht es in den traditionellen Tapas-Zonen und rund um den Fischerhafen zu. Die farbigen Anstriche der Häuser im alten Fischerviertel *La Marina* spiegeln die Lebensfreude der Einheimischen wider, am Ortsrand liegt der Flughafen von San Sebastián.

SEHENSWERTES

Altstadt

Das historische Viertel zählt zu den charmantesten im gesamten Baskenland und steht unter Denkmalschutz. Es erstreckt sich über einen mauerumzogenen Hügel, aus dem die klobige *Burg,* die ihren Ur-

Balkongeschmückte Häuser an der Plaza de Armas in Hondarribias Altstadt

sprung im 10. Jh. hat und heute ein Hotel beherbergt, und die Kirche *Nuestra Señora de la Asunción* aus dem 15. Jh. aufragen. Freundliche Plätze sind die *Plaza de Armas* und die *Plaza de Gipuzkoa.*

ESSEN & TRINKEN

Alameda
Preisgekröntes Gourmetrestaurant unterhalb der Altstadt, groß in Mode. Tischreservierung empfohlen. *So abends u. Mo geschl., Alameda 1, Tel. 943 64 27 89, €€€*

Insider Tipp **Arrantzaleen Kofradia**
Nahe dem Fischerhafen etwas versteckt gelegenes Restaurant, erreichbar über eine Treppe. Mit Freiluftterrasse sowie einfachem Bar- und Speisesaal innen. Nur Mittagstisch, wochentags recht preisgünstiges Tagesmenü, am Wochenende Spezialmenü. *Mo geschl., Puerto Refugio, Tel. 943 64 42 12, €–€€*

Tapas-Bars
Die besten Tapas-Bars finden Sie im alten Fischerviertel *La Marina,* auf Baskisch als *Portu* bekannt. Reiche Häppchenauswahl u. a. in den Bars *Gran Sol, Ignacio* und *Yola Berri* (€). Die Kneipenzone ist auch angesagter Treffpunkt junger Leute.

ÜBERNACHTEN

Camping Jaizkibel
Einfacher Platz an der Straße Richtung Bergheiligtum Guadalupe, ganzjährig geöffnet. *Carretera Guadalupe, Tel. 943 64 16 79, Fax 943 64 26 53, recepcion@campingjaizkibel.com, €*

Palacete
Freundliches Altstadthotel in einem kleinen historischen Palais, daher der Name. Ein Stern. *9 Zi., Plaza de Gipuzkoa 5, Tel. 943 64 08 13, Fax 943 64 62 69, www.hotelpalacete.net, €–€€*

Wallfahrtsziel im Jaizkibel: die schwarze Madonna von Guadalupe

Parador
Die sogenannten Paradores bilden ein Netz aus rund 100 Hotels in Spanien, die meist in interessanten historischen Gemäuern untergebracht sind. So auch dieser inmitten der Altstadt, urig außen wie innen und einer der teuersten Paradores Spaniens. *36 Zi., Plaza de Armas 14, Tel. 943 64 55 00, Fax 943 64 21 53, www.parador.es,* €€€

STRAND

Der sandige Hauptstrand ist rund 500 m lang, genauso breit und zum Baden geeignet; die dahinter liegenden Großparkplätze (gebührenpflichtig) zeigen, dass man hier auf den sommerlichen Ansturm gut vorbereitet ist.

AUSKUNFT

Javier Ugarte 6, Tel. 943 64 54 58, Fax 943 64 54 66, www.bidasoa turismo.com

ZIELE IN DER UMGEBUNG

Aiako Harria/ Peñas de Aia **[111 D–E 2–3]**
Knapp 70 km² großer Naturpark im Küstenhinterland, der von den beiden Gipfeln Irumugarrieta (806 m) und Txurrumurru (821 m) beherrscht wird. Geübte Wanderer nehmen das Granitmassiv östlich von Oiartzun, 10 km südwestlich von Hondarribia, in Angriff. Auskunft und Übersichtskarten gibt es im Tourismusbüro in *Oiartzun (Donibane s/n, Tel. 943 49 45 21).*

Hendaye **[111 E2]**
Regelmäßige Bootsverbindungen und ein knapp 3 km langer Sandstrand sind schlagkräftige Argumente für einen Abstecher über den Bidasoa nach Frankreich. Im ausgedehnten Hendaye (15 000 Ew.) fahren die Personenbötchen direkt in den Sporthafen ein, wo zahlreiche Terrassenbars zum Einkehren verführen. Gleich hinter dem Hafen beginnen Promenaden und Strandbereiche. Ostwärts reicht der Strand bis an Klippen des Naturschutzgebiets *Domaine d'Abbadia* heran. Zu Füßen der Felsen liegt die Nacktbadezone, im Naturpark ein Schloss. Bei Hochwasser versinkt der Mittelteil des Strands in den Fluten – dann ist die schönste Zeit für Surfer gekommen.

Insider Tipp

Office de Tourisme, 12, rue des Aubépines, Tel. 05 59 20 00 34, Fax 05 59 20 79 17, www.hendaye.com

Jaizkibel [111 D2]
★ Wiesen und Meer komponieren Bilder in den Farben Grün und Blau um das Massiv des Jaizkibel, das sich westlich von Hondarribia in ansehnliche Höhen von über 500 m aufwirft. Pferdeweiden wechseln sich mit Farnen und Brombeerhecken ab, die Klippen sind überall zu erahnen. Erster lohnender Halt auf der traumhaften Strecke ist das *Bergheiligtum von Guadalupe,* ein regional bedeutendes Wallfahrtsziel mit einer schwarzen Madonna. Der schöne Platanenvorplatz dort erlaubt weite Blicke über Meer und Berge. Ein paar Straßenkilometer aufwärts ist der höchste Punkt erreicht, wo ein kurzer, unausgeschilderter Abzweig links auf einen Panoramaparkplatz führt. Wer die Fahrt über die Höhen fortsetzt, hat viele Kurven abwärts vor sich und erreicht nach insgesamt 20 km den Ortsrand von *Pasaia/Pasai Donibane*; ab dort geht es entweder auf demselben Weg oder über die gut ausgebaute Inlandsachse N-I zurück nach Hondarribia.

Ökopark Plaiaundi [111 E2] Insider Tipp
Winziges Landschaftsschutzgebiet wenige Kilometer südlich bei Irún, auf den ersten Blick wenig attraktiv – doch dieser Eindruck täuscht. Hinter dem Parkplatz starten gleich beim *Infozentrum (Mo geschl.)* ein paar Wege durch die Feuchtgebiete des Küstenhinterlands, ein von zahlreichen Vögeln und Amphibien aufgesuchtes Habitat. Aussichtsposten erlauben gute Blicke – Fernglas nicht vergessen!

Pasaia/Pasai Donibane [111 D2]
Lassen Sie sich von nichts abschrecken! Nicht vom Kraftwerk, nicht von Kränen und Verladehalden mit Kohle und Metallschrott an den Molen. Pasaia (1000 Ew.), auf spanischen Landkarten als *Pasajes de San Juan* geführt, liegt am Handels-

Eine Landschaft wie aus dem Bilderbuch: die grünen Hügel hinter der Küste

Baskische Spitzenköche

Höchste Tafelfreuden in San Sebastián

Wenn Juan Mari Arzak an seine kulinarischen Inspirationen zurückdenkt, kommen ihm die Taverne seiner Großeltern ins Gedächtnis und die Kochkunst seiner Mutter. »Learning by doing« eignete er sich die Geheimnisse der hohen Gastronomie an und bürgt heute mit seinem und dem Namen seiner Tochter Elena für die Erfüllung geschmacklicher Träume: *Arzak (Avenida Alcalde Jose Elosegi 273, Tel. 943 28 55 93, www.arzak.info)*. Gourmets zieht es gleichermaßen in die Hügel westlich der Stadt, und zwar ins *Akelarre (Paseo Padre Orkolaga 56, Barrio Igeldo, Tel. 943 31 12 09, www.akelarre.net)* von Pedro Subijana. Auch hier bleibt kein Geschmackswunsch offen – die Gerichte sind von bestechender Raffinesse! *Beide Restaurants So abends u. Mo (Jan.–Juni auch Di) geschl., €€€. Reservierung unerlässlich*

hafen von San Sebastián und bewahrt das Ambiente eines alten Fischerorts. Die bergflankierte Flussmündung kommt einem Fjord gleich, in leuchtenden Farben dümpeln Ruderboote am Hafenrand. Die Ortsstruktur ist ungewöhnlich, denn nur eine einzige lange Straßenschneise, eine Sackgasse, führt mitten hinein; Nicht-Anlieger müssen ihr Fahrzeug am Ortsrand parken. Dahinter beginnt jenes enge Sträßchen, das sich durch Torbögen zieht, vorbei am Bootsableger für Passagen auf die andere Buchtseite (tgl. 6–24 Uhr; hier schiffen sich Jakobspilger ein, die auf dem Küstenweg unterwegs sind), an zwei Kirchen, winzigen Geschäften und einigen Restaurants.

Traditionsadresse für Freunde von Meeresgetier: die *Casa Camara (So abends u. Mo geschl., Donibane 74, Tel. 943 52 36 99, €€–€€€)*. Im Gebäude der heutigen *Touristeninformation (Donibane 63, Tel. 943 49 45 21, Fax 943 34 17 77, www.oarsoaldea.net)* verbrachte der französische Dichter Victor Hugo einige Zeit. *Ontziola* lautet der Name kleiner Bootswerkstätten, die Besuchern offenstehen *(San Juan s/n, Ostern–Sept. Di–So 10-14 u. 15–18 Uhr, sonst 10–14 u. 15–17 Uhr)*.

Pasaia liegt ca. 15 km südwestlich von Hondarribia; ein Ausflug hierher ist gut kombinierbar mit einer Fahrt über das Küstenmassiv des Jaizkibel.

ZARAUTZ

[110 B3] Einst ein Fischernest, begann das Atlantikstädtchen (22 000 Ew.) ab dem 19. Jh. Besucher aus dem In- und Ausland anzuziehen. Den Ausschlag für die bis heute anhaltende Beliebtheit gibt der längste Sandstrand im spanischen Baskenland, der sich von den östlichen Dünenzonen bis zu den westlichen Hügeln über mehr als 2 km erstreckt. Parallel verläuft die geschmackvoll aufbereitete Promenade, auf der sich herrlich flanieren und einkehren lässt; Skulpturen sorgen für moderne Akzente. Im Küstenrücken setzt die Durchgangsstraße den Schnitt zwischen dem Meeres- und dem gefälligen Altstadtbereich. Über das historische Viertel verteilen sich Tapas-Bars und Häuser mit ihren typischen Fassaden, schmiedeeisernen Gittern und wehender Wäsche.

SEHENSWERTES

Conjunto Arqueológico Monumental

Am *Parque Arrosategia* gelegenes historisches Ensemble mit archäologischen Ausgrabungsresten aus der Eisenzeit, der gotischen Kirche *Santa María la Real* und dem Glockenturm *Torre-Campanario* (Ursprung im 15. Jh., mit einem Minimuseum und interessantem, funktionierendem Uhrwerk). *Wechselnde Zugangszeiten, in der Regel Di–Sa 11–14 u. 15.30–18.30, So 15.30 bis 18.30 Uhr*

MUSEUM

Fotomuseum

Ein Blick auf die Entwicklung fotografischer Technik und alte Apparate – für Liebhaber des Themas. *Di–So 10–13 u. 16–20 Uhr, Bizkaia kalea*

ESSEN & TRINKEN

Aiten-Etxe Insider Tipp

An der Straße Richtung Getaria gelegenes Restaurant, das von Wild über Pilze bis hin zu Meeresfrüchten ganz auf Produkte der Saison setzt. Den Rahmen bildet ein trutziges Herrenhaus, günstig für Autofahrer ist der Parkplatz direkt davor. *So abends geschl., Elkano kalea s/n, Tel. 943 83 18 25,* €€€

Tageszeit und Tide bestimmen die Ausbeute: Angler am Strand von Zarautz

La Perla
Eines der zahlreichen Restaurants an der Strandpromenade. Pasta und Pizza, außerdem Meeresfrüchte-Paella und Reis mit Venusmuscheln und Garnelen *(arroz con almejas y gambas). Im Sommer tgl., sonst Di geschl., Paseo Marítimo/Ecke Bañera kalea, Tel. 943 01 38 73, €*

ÜBERNACHTEN

Gran Camping Zarautz
Ganzjährig geöffneter Campingplatz mit Kapazität für über 1000 Gäste. *Monte Talai-Mendi, Tel. 943 83 12 38, Fax 943 13 24 86, www.grancampingzarautz.com, €*

Karlos Arguiñano
In Vorzugslage über dem Ostteil des Strandes gelegenes Vier-Sterne-Hotel in trutzigem Herrenhausstil. Namensgeber ist ein Pionier der modernen baskischen Kochkunst, der mit eigener Fernsehsendung und gutem Geschäftsriecher das hauseigene *Restaurant (So u. Di abends, Mi geschl., €€€)* und damit auch Zarautz überall ins Gespräch gebracht hat. *12 Zi., Mendilauta 13, Tel. 943 13 00 00, Fax 943 13 34 50, www.hotelka.com, €€€*

Txiki-Polit
Altstadtpension mit Cafeteria im Erdgeschoss, gelegen am freundlichen (und nicht immer geräuscharmen) Hauptplatz. Alle Zimmer mit Bad und TV. *20 Zi., Musika Plaza s/n, Tel. 943 83 53 57, Fax 943 83 37 31, www.txikipolit.com, €*

FREIZEIT & SPORT

Zu weniger frequentierten Tageszeiten eignet sich die Promenade gut für Jogger. Surfkurse u. a. bei *Pukas Surf (Edificio Torre Mar, Tel. 943 89 06 36, www.pukassurf.com)*, Tauchkurse bei *Alitan-Sub (Aritzbatalde 2, Tel./Fax 943 13 26 47, www.alitan-sub.com)*.

STRAND

Der ausgedehnte ★ Strand von Zarautz ist bei Surfern, aber auch bei Sonnenanbetern beliebt. Allerdings sollten sich selbst geübte Schwimmer wegen der gefährlichen Wellen und Strömungen nicht weit vom Ufer entfernen. Bei Ebbe sinkt der Wasserspiegel um bis zu 4 m, das Meer zieht sich bis zu 100 m zurück; bei Flut hingegen reduziert sich der Sandstrand auf einen recht schmalen Streifen. Es gibt Strandkörbe, Beachvolleyballnetze und Duschen; der Zugang mit Hunden ist strikt verboten.

AUSKUNFT

Nafarroa kalea 3, Tel. 943 83 09 90, Fax 943 83 56 28, www.turismozarautz.com

ZIELE IN DER UMGEBUNG

Deba **[110 A3]**
Typische Küstengemeinde (5000 Ew.), die historisch durch Fischfang, Woll- und Eisenwarenexporte geprägt wurde. Hier finden Sie nette Flusspromenaden, einen Sandstrand, einen kleinen Hafen und die Kirche *Santa María* aus dem 14. Jh. Bootsausflüge und Tauchkurse bei *Itxas Jai (Sokagin kalea 7, Tel. 943 19 28 58, www.itxasjai.com)*. Wer gut trainiert ist, bricht auf einem markierten Wanderweg zu einer ebenso lohnenden wie anstren-

Auch das Baskenland hat Traumstrände, z. B. zwischen Zarautz und Getaria

genden Tour ins 15 km entfernte Zumaia auf. *Tourismusbüro: Ifar kalea 4, Tel. 943 19 24 52, Fax 943 19 28 04, www.deba.net*

Deba liegt rund 25 km westlich von Zarautz, sodass sich ein Ausflug über die N-634 gut mit Stopps in Getaria und Zumaia (s. u.) kombinieren lässt. Wenige Kilometer vor Deba liegt am *Pass von Itziar* ein Panoramaparkplatz. Ähnlich herrliche Küstenansichten begleiten Sie auch, wenn Sie die kurvige Fahrt ab Deba 4 km nordwestwärts über die Höhen bis zum Hafenort *Mutriku* ausdehnen.

Getaria **[110 B2]**

Eine der schönsten baskischen Panoramastrecken führt 4 km nordwestwärts an der Küste entlang nach Getaria (3000 Ew.), das sich weithin sichtbar mit seinem *Ratón* ankündigt, dem besteigbaren »Mausfelsen« (auch als *Monte San Antón* bekannt). Am Ortsanfang erinnert ein himmelsstürmendes Monument an den aus Getaria stammenden Weltumsegler Juan Sebastián Elcano (ca. 1486–1526), der nach dem Tod Magellans auf den Philippinen das Kommando der »Victoria« übernahm.

In Getaria beherrscht das große Hafenbecken samt Yachten, Kuttern und Motorbooten das Bild. Gleich dahinter reihen sich einige Restaurants auf, darunter das *Itxas-Etxe (tgl., Kaia 1, Tel. 943 14 08 82, €–€€)* mit guten Meeresfrüchteportionen, Tapas und Menü. Zu jedweden Fischgerichten passt gut der hier populäre *txakolí*, ein fruchtiger, moussierender Weißwein. Am geschützten kleinen Sandstrand *Malkorbe* ist ein Schwimmerbereich abgegrenzt. Markantester Altstadtbau ist die Erlöserkirche *San Salvador*, ein gotisches Werk mit kuriosem Inneren: Der Fußboden steigt zum Altarraum hin an, die Kirchenbänke sind leicht in Rücklage.

Infos zwischen Ostern und Sommerende im Tourismusbüro, Aldamar Parkea 2, Tel. 943 14 09 57, www.getaria.net.

Loiola/Loyola **[110 B4]**

In Loiola (1500 Ew.) dreht sich alles um den berühmten Ordensgründer Ignatius von Loyola. Wahrzeichen ist die 65 m hohe Kuppel der barocken Wallfahrtsbasilika aus dem 17./18. Jh., auf die Parkanlagen und eine breite Freitreppe zulaufen. Daneben geht es, eher unscheinbar, ins ★ »Heilige Haus« *(Santa Casa, tgl. 10–13 u. 15–18 Uhr)* hinein. In diesem stark bewehrten Wohnturm der Adelsfamilie Loyola wurde Ignatius 1491 als letztes von dreizehn Kindern geboren. Hier spürt man Erinnerungen an den Heiligen nach, steigt ins gründlich restaurierte Geburtszimmer und bis zur Dachkapelle auf, wo eine Skulptur von Lorenzo Coullaut Valera die innere Wende des Ignatius eindringlich vor Augen führt.

Loiola liegt knapp 30 km südwestlich von Zarautz, Anfahrt über Zumaia, das alte Heilbad Zestoa und Azpeitia.

Orio **[110 C3]**

Aushängeschild dieses traditionellen Fischerorts (4000 Ew.) an der Ría Oria, 6 km östlich von Zarautz, ist der nette Sandstrand. Dahinter liegt ein breiter Grünstreifen mit Kinderspielgerät, wiederum dahinter schließen sich riesige Parkplatzflächen (gebührenpflichtig) an und der Campingplatz *Playa de Oria (März–Okt., Tel. 943 83 48 01, Fax 943 13 34 33, kanpina@terra.es, €)*. Während der Saison öffnen hinter dem Strand einige Terrassenbars, und es gibt kostenlose Duschanlagen.

Das *Tourismusbüro (Herriko Enparantza 1, Tel. 943 83 09 04, Fax*

Ignatius von Loyola

Auf den Spuren des Ordensgründers der Jesuiten

Das eigentliche Schicksal des Ignatius von Loyola (1491 bis 1556) nahm an einem Maitag des Jahres 1521 in Pamplona seinen Lauf. In militärischen Diensten stehend, wurde er im Kampf gegen die Franzosen schwer verwundet und auf einer Tragbahre in das elterliche Turmhaus nach Loiola gebracht. Während seiner monatelangen Genesungszeit, die bei schwierigsten Heilbehandlungen von Visionen begleitet war, griff er zu religiösen Büchern. Diese Literatur öffnete ihm einen gänzlich anderen Weg ins Leben. Er wandelte sich in einen zutiefst gläubigen Menschen, kehrte dem Waffenhandwerk für immer den Rücken und gab sich strengen Bußübungen hin. Später begründete Ignatius von Loyola die Gemeinschaft der Jesuiten.

943 13 02 60, www.oriora.com) ist normalerweise nur im Sommer geöffnet.

Parque Natural de Pagoeta **[110 B–C3]**
Knapp 10 km südlich von Zarautz beginnt dieser 13,35 km² große Naturpark mit ausgeschildertem Abzweig an der N-634 zwischen Zarautz und Orio. Vorrangiges Ziel ist der *Caserío Iturraran,* ein historisches Landhaus aus dem 14. Jh., heute Besucherzentrum *(Juli–Sept. Di–Fr 10–14 u. 16.30–18.30, Sa/So 10–14 Uhr, Okt.–Juni Sa/So 10–14 Uhr)*; in der Nachbarschaft liegt ein botanischer Garten. Im Besucherzentrum erhalten Sie Informationen zu lohnenden Wegen (u. a. dem »Roten Weg« *Senda Roja,* 6 km), zu einem Wildfreigehege mit Rehen und Hirschen nahe dem *Caserío Sarrola* sowie zu einer historischen Eisenschmiede *(Ferrería de Agorregi, Juli/Sept. Fr–So 10–14, Aug. Di–So 10–14, Okt.–Juni So 10–14 Uhr).*

Zumaia **[110 B3]**
Zwei sandige Strände, ein Hafen, bizarre Felsformationen und eines der überraschendsten Kunstmuseen in ganz Nordspanien – planen Sie unbedingt einen Abstecher in dieses 10 km westlich gelegene Küstenstädtchen (9000 Ew.) ein. Nach einer schönen Panoramastrecke empfängt Sie Zumaia mit einem tiefen Buchteinschnitt und der Mündung des Río Urola, dem Strand *Playa de Santiago* und einem Feuchtgebiet samt Kieferngürteln.

An dieses stößt jenes Gartengelände, das der baskische Maler Ignacio Zuloaga (1870–1945) zu Beginn des 20. Jhs. zu seinem Wohn- und Schaffenssitz machte. Sein einstiges Landhausatelier, ein angrenzender Saal, die Hauskapelle und ein Nebenraum mit Stierkampf-Andenken formen heute das ★ *Museo Ignacio Zuloaga (April bis Sept. Mi–So 16–20 Uhr, Eintritt 6 Euro, www.ignaciozuloaga.com).* Zuloaga war nicht nur leidenschaftlicher Maler, sondern auch ein begeisterter Kunstsammler – und davon profitieren die Besucher. Urig umrahmt von Balken und Bruchsteinwänden sieht man zunächst Porträts und typisch baskische Ortsansichten des Meisters. Dann setzt sich die kleine Galerie mit Werken von nahezu unschätzbarem Wert fort: Gemälde von Francisco de Zurbarán, El Greco, Francisco Goya, eine Skulptur von Auguste Rodin. Der Christus und die Dolorosa in der benachbarten Kapelle wurden von Zuloaga selber bemalt.

Im Ortskern von Zumaia führt der Spaziergang an den Flussufern entlang und hinein in die wuchtige gotische Kirche *San Pedro.* Zur Einkehr empfiehlt sich das Restaurant *Marina-Berri (Mo geschl., Okt. bis März nur mittags, Kirol Portua/ Puerto Deportivo, Tel. 943 86 56 17, €€–€€€)* mit schönem Blick auf den Sporthafen. Westlich des Städtchens schließt sich der zweite Strand an, die *Playa de Itzurun,* unmittelbar angrenzend an die Klippen und beliebt bei Surfern. Den schönsten Ausblick auf Strand und die Flysch genannten geologischen Formationen, die aus wechselnd gelagerten Schichten verschiedener Gesteine bestehen, genießen Sie von der Kapelle *San Telmo* aus. Insider Tipp

Tourismusbüro: Kantauri Esparantza 13, Tel. 943 14 33 96, Fax 943 86 15 31, www.zumaia.net

Im grünen Hinterland

Berge, Täler und Weingärten drücken der südlichsten baskischen Region ihren Stempel auf

Knapp 3050 km^2 machen Álava zur größten baskischen Provinz, doch gleichzeitig ist es die am dünnsten besiedelte. Einziges Zentrum ist die Hauptstadt *Vitoria,* ansonsten gibt das Grün den Ton an. Berggebiete wechseln sich mit Stauseen wie Ullibarri und Urrunaga und Naturparks wie *Valderejo* und *Izki* ab; das Massiv des Gorbeia kratzt mit 1482 m an den Wolken. Über fruchtbare Becken verteilen sich Wiesen und Weiden, Kartoffel- und Getreidefelder. Im tiefen Süden vermischt sich Álava mit einem Teil der Rioja zur 160 km^2 großen Weinbauregion *Rioja Alavesa,* wo vorzügliche Rotweine gekeltert werden und sich Orte wie *Laguardia* ihren historischen Wehrcharakter erhalten haben.

So eine Baskenmütze hat Stil, wenn man sie mit Stolz zu tragen weiß!

GASTEIZ/VITORIA

Karte auf Seite 66

[113 E2] 1181 schlug die offizielle Geburtsstunde der heutigen Hauptstadt (230 000 Ew.) des Baskenlands, Gründer war Navarras König Sancho VI. Jüngste Ausgrabungen haben belegt, dass an selber Stelle mindestens ab dem 8. Jh. die Siedlung Gasteiz existierte. Zu Zeiten der napoleonischen Invasionen sicherte sich die Stadt durch einen wegweisenden Schlachtensieg im Jahr 1813 ihren Eintrag im Buch der Geschichte.

Vitoria genießt einen guten Ruf als Einkaufs- und Museumsziel; das Artium-Museum hat einen modernen Kunstakzent gesetzt. Die Altstadt, die sich in Form einer großen

Die Kathedrale von Santo Domingo de la Calzada am Jakobsweg

Grauer Himmel über dem Platz der Weißen Jungfrau in Gasteiz' Zentrum

Mandel um einen Hügel legt, bewahrt ihren historischen Charme. Die lang gestreckten Gassen tragen die Namen der einstigen Zünfte. In der *Herrería* hämmerten vormals die Schmiede, in der *Zapatería* die Schuhmacher. Heute schwärmt hier die Jugend aus, während kleine Geschäfte von der Konditorei bis zum Pferdemetzger von der guten alten Zeit künden. Gerne rühmen die Einheimischen die hohe Lebensqualität, die mit einem entsprechenden Preisniveau einhergeht. Auch bei den Immobilien fällt Vitoria ein landesweiter Spitzenplatz zu, was den immensen Bauaktivitäten aber keinen Abbruch tut.

SEHENSWERTES

Catedral de María Inmaculada
Neogotisches Gotteshaus, das auch »neue Kathedrale« genannt wird und 1907–69 erbaut wurde. Die Bereiche von Chor- und Altarumlauf nimmt das ★ *Museo Diocesano de Arte Sacro* ein, das exzellent aufbereitete Diözesanmuseum für Sakrale Kunst. Hier sind nicht nur Marien- und Heiligenfiguren aus verschiedenen Epochen ausgestellt, sondern auch Grabstelen aus dem Mittelalter, Gemälde und wertvolle Silber- und Elfenbeinarbeiten. Die eigentlichen Höhepunkte markieren die beiden Renaissanceretabel *San Blas* und *San Nicolás de Bari* sowie ein Ensemble von fünf Reliquienbüsten aus bunt bemaltem Eichenholz. Diese *bustos relicarios* stellen Gefährtinnen der hl. Märtyrerin Ursula dar. Die Details bis hin zu Augenpartien und geflochtenen Zöpfen sind ein einzigartiges Zeugnis der flämischen Kunst um 1520. Gläserne Trennwände erlauben vom Museum den Blick in die überdimensioniert wirkende Kathedrale. *Di–Fr 10–14 u.*

16–18.30, Sa 10–14, So 11–14 Uhr, Calle Monseñor Cadena y Eleta s/n, freier Eintritt ins Museum

Catedral de Santa María
Mit ihrem knapp 60 m hohen Turm beherrscht die »alte Kathedrale«, die in ihren Anfängen aus dem 14. Jh. datiert, einen Teil des Altstadthügels. Schöne Beispiele der Gotik sind das Portal *Santa Ana* und der westliche Portikus *(Pórtico Occidental)* mit seiner Marienskulptur. Umfangreiche Restaurierungs- und Ausgrabungsarbeiten werden noch einige Jahre dauern, wobei die Kathedrale für Besucher geöffnet bleibt, die so das Wirken der Archäologen und Restauratoren verfolgen können. *Führungen tgl. 11–14 u. 17–20 Uhr, Plaza de la Burullería*

Parque de la Florida
Im 19. Jh. angelegter Stadtpark, der ans Parlamentgebäude stößt und ganz in der Nähe der Catedral de María Inmaculada liegt. Im Park finden Sie über hundert Baumarten, Wege, Teiche, Ruhebänkchen und ein von den Einheimischen gerne aufgesuchtes Terrassencafé an der Hauptpromenade, dem *Paseo de la Florida.* Der Musikpavillon ist samstagabends oder sonntagvormittags häufig Schauplatz von Konzerten. Im Dezember lieben Kinder den Park ganz besonders: wegen der aufgebauten Schlittschuhbahn und einer Krippe mit rund 300 Figuren. Insider Tipp

Plaza de la Virgen Blanca
Der Platz der Weißen Jungfrau ist Dreh- und Angelpunkt zwischen Alt- und Neustadt, ein großes Denkmal erinnert an den Sieg über die Franzosen 1813. Versteckter Platznachbar ist das Arkadenviereck der *Plaza de España,* während eine breite Fußgängerzone in Richtung

MARCO POLO Highlights »Araba/Álava«

★ **Laguardia**
Ein Ort wie ein Freilichtmuseum (Seite 73)

★ **Parque Natural de Valderejo**
Hier schlägt das Wandererherz höher (Seite 72)

★ **Museo Diocesano de Arte Sacro**
Sakrale Kunst in Vitorias neuer Kathedrale (Seite 64)

★ **Museo Fournier de Naipes**
Vitorias Spielkartenmuseum mit Stücken seit dem Mittelalter (Seite 68)

★ **Artium**
Moderne Kunst im Spiegel wechselnder Ausstellungen (Seite 67)

★ **Hauptportal**
Meisterwerk der Kirchenbaukunst in Laguardia (Seite 74)

★ **Parque Natural de Izki**
Wanderwege durch üppiges Grün voller Eichen (Seite 71)

★ **Bodegas**
Der Besuch eines Weinlagers in Laguardia ist ein Erlebnis (Seite 75)

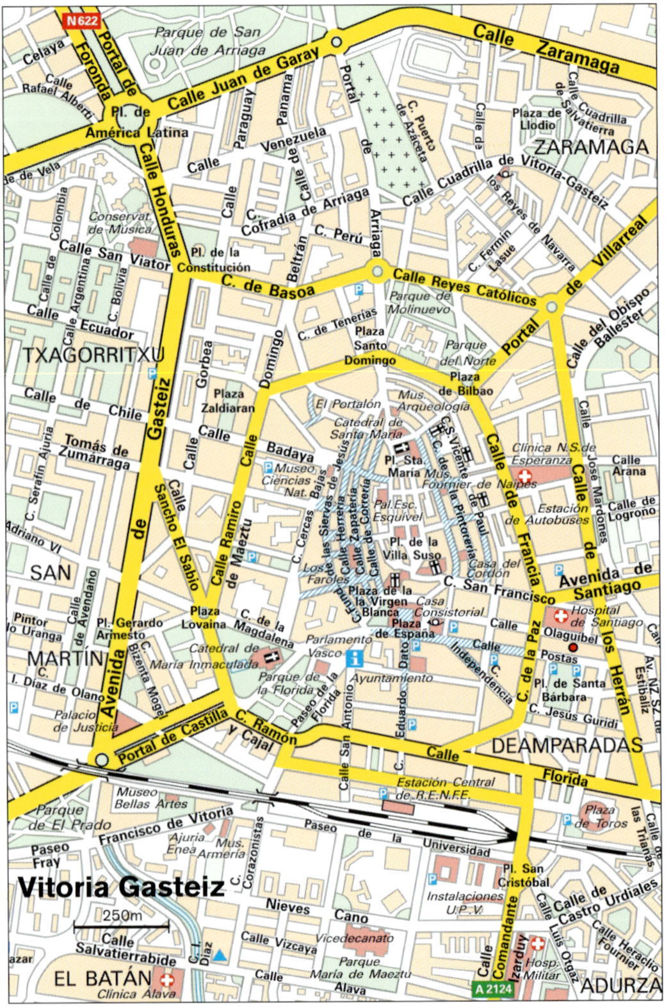

der von Luis Peña Ganchegui und Eduardo Chillida ausgestalteten *Plaza de los Fueros* führt. Wahrzeichen der Plaza de la Virgen Blanca sind die umliegenden Glasgalerien. Ein Bildnis der namensgebenden »Weißen Jungfrau« ist etwas oberhalb hinter Schutzglas vor der Kirche *San Miguel* zu sehen. Nahe der Skulptur löst sich *Los Arquillos,* ein Arkadengang aus dem 19. Jh.

MUSEEN

Bis auf das Artium-Museum ist der Eintritt in Vitorias Museen frei.

Artium

★ Zentrum zeitgenössischer Kunst, das seinen Schwerpunkt auf baskische und andere spanische Künstler legt. Ständig wechselnde Ausstellungen verleihen dem 2002 nach Plänen von José Luis Catón eingeweihten Museum jene Dynamik, die seine Macher sich wünschen. Außerdem finden häufig Vorträge, Konzerte, Kino- und Tanzveranstaltungen statt. Die Ausstellungssäle befinden sich ausschließlich unter der Erde – wie in einem guten Weinkeller, so heißt es von Museumsseite – und geben Raum für Installationen, großformatige Bilder Videokunst und mehr. *Di–Do, So 11–20, Fr/Sa 11–20.30 Uhr, Eintritt 4,50 Euro, Calle Francia 24, www.artium.org*

Museo de Armería

Über zwei Ebenen laufendes Waffenmuseum, das nicht kriegerisch, sondern kulturgeschichtlich zu verstehen ist. Die Schau spannt sich von der Prähistorie bis zum Beginn des 20. Jhs. und zeigt eine Fülle an Stich-, Hieb- und Schusswaffen, mit denen sich Menschen gegenseitig ins Jenseits beförderten. Besonders interessant sind die Armbrüste und verschiedene Ritterrüstungen, die bei Turnieren angelegt wurden. Dieses Museum und das nahe *Museo de Bellas Artes* liegen in einem schönen Stadtteil mit historischen Villen. *Di–Fr 10–14 u. 16–18.30, Sa 10–14, So 11–14 Uhr, Paseo de Fray Francisco de Vitoria 3*

Insider Tipp

Museo de Arqueología

Archäologisches Museum mit Schwerpunkt auf der Provinz Álava, untergebracht in einem Stadtpalast aus dem 16. Jh. *Di–Fr 10–14 u. 16–18.30, Sa 10–14, So 11–14 Uhr, Calle Correría 116*

Museo de Bellas Artes

Mindestens ebenso lohnend wie der Inhalt ist der Rahmen des Museums der Schönen Künste: ein 1912 errichtetes Hotelpalais, das den Vorbildern von Renaissancepalästen folgt und mit verschwenderischen Holztäfelungen ausgestattet wurde. Die Sammlung ist im Hauptbau und einem moderneren Nebengebäude untergebracht, ein Bereich bleibt wechselnden Ausstellungen vorbehalten.

Unter den Werken baskischer Maler stechen Ignacio Díaz Olano (1860–1937), Pablo Uranga (1861 bis 1934) und Adrián Maria Aldekoa (1887–1945) mit ländlichen Brauchtumsszenen sowie Fernando de Amárica (1866–1956) mit Landschafts- und Stadtansichten hervor. Das Panorama spanischer Malerei aus dem 19./20. Jh. runden Salvador Martínez Cubells und Joaquín Sorolla ab. In der einstigen Hauskapelle erwartet Sie ein farbenprächtiger Höhepunkt: das auf 1548 datierte Retabel von Ribera de Valderejo mit Szenen aus dem Leben des hl. Stephan. *Di–Fr 10–14 u. 16–18.30, Sa 10–14 u. 17–20, So 11–14 Uhr, Paseo de Fray Francisco de Vitoria 8*

Museo de Ciencias Naturales

Naturwissenschaftliches Museum, untergebracht in einem historischen Turmhaus aus dem Spätmittelalter. Die übersichtlich präsentierte Sammlung teilt sich auf in Geologie und Mineralogie (Vitrinen mit Kristallen und Fossilien), Zoologie und Botanik (präparierte Tiere, Informationstafeln). *Di–Fr 10–14 u.*

16–18.30, Sa 10–14, So 11–14 Uhr, Calle Siervas de Jesús 24

Museo Fournier de Naipes

★ Blatt ist nicht gleich Blatt. Welch eine erstaunliche Fülle an verschiedenen Designs im Lauf der Jahrhunderte entstanden ist, zeigt das exzellente Spielkartenmuseum in Rahmen und Vitrinen. Da gibt es aus dem 18./19. Jh. ein italienisches Set mit biblischen Motiven, ein französisches mit Miniaturlandkarten, ein britisches mit historischen Szenen, ein niederländisches mit Zitadellen- und Burgmodellen. Auch deutschsprachig beschriftete Spielkarten sind zu sehen: Sternbildermotive aus Nürnberger Werkstätten (17. Jh.) und ein 1744 in Genf gedrucktes Militärset mit einigen Husaren. Zu den Schätzen zählen die älteste Spielkarte Europas, genannt »Italia 2«, aus dem 14. Jh. und eine von Salvador Dalí entworfene Serie.

Der Bezug zwischen Karten und Vitoria erklärt sich durch die 1868 von Heraclio Fournier ins Leben gerufene Spielkartenfabrik; der Enkel des Gründers baute ab 1916 die heute im *Palacio de Bendaña* untergebrachte Sammlung auf. Im Säulenpatio stehen historische Druckmaschinen. *Di–Fr 10–14 u. 16 bis 18.30, Sa 10–14, So 11–14 Uhr, Calle Cuchillería 54*

ESSEN & TRINKEN

Asador Matxete

Rustikal und stilvoll – im oberen Bereich sitzen Sie unter Bruchsteinbögen. Je nach Jahreszeit bieten sich als Vorspeise Pilze an, auch der Kartoffelsalat mit Alioli ist zu empfehlen. Einem *asador* entsprechend, nehmen die Grillgerichte breiten Raum ein. In der ganzen Stadt bekommen Sie kein besseres T-Bone-Steak! Insider Tipp Die Fischauswahl richtet sich nach dem Marktangebot. Typische Nachtische sind *goxua* und *cuajada. So abends, Mo geschl., Plaza del Machete 4–5, Tel. 945 13 18 21,* **€€–€€€**

Café Plaza

Poppig aufgezogen und beim jüngeren Publikum sehr beliebt. Diverse Salate und Tellergerichte. Die beiden Eingänge gehen auf die Fußgängerzone und auf die Plaza de España hinaus. *Bar tgl. geöffnet, Restaurant So geschl., Calle Postas 5, Tel. 945 13 98 51,* **€**

Eli Rekondo

Im rustikalen Barvorraum trifft man sich gerne auf ein Häppchen, im Restaurant gibt der *bacalao* (Stockfisch) in verschiedensten Zubereitungsarten den Ton an. *So, Mo geschl., Calle de El Prado 28, Tel. 945 28 25 84,* **€€**

Ochandiano

Gegenüber dem Artium-Museum gelegenes Restaurant mit Bar. Hier gibt es mittags und abends ein Hausmenü *(menú de la casa)* zu moderatem Preis und mit großer Auswahl. *Tgl., Calle Francia 33, Tel. 945 27 48 21,* **€**

EINKAUFEN

Vitoria ist eine geschäftige Einkaufsstadt mit weitläufigen Fußgängerzonen u. a. um die *Plaza de los Fueros,* die *Calle San Prudencio* und die *Plaza de la Provincia.* Boutiquen und Schuhgeschäfte wechseln sich mit Traditionsläden ab. Im 1922 begründeten Feinkostgeschäft *Victofer (Calle Cuchillería 14)* finden Sie typische Produkte der Region. Konditoreien wie *Hueto e Hijos (Calle Postas 4)* locken mit verführerischen Auslagen. Das Großkaufhaus *El Corte Inglés* finden Sie zwischen der Calle de La Paz und der Plaza de Santa Bárbara.

ÜBERNACHTEN

Albergue Carlos Abaitua
Jugendherberge in der Nähe des Universitätsviertels; in die Stadt sind es 10–15 Minuten zu Fuß. Meist ist die Herberge um Mitte Aug./Anfang Sept. herum drei Wochen lang geschlossen. *100 Plätze, Calle Escultor Issac Díez s/n, Tel. 945 18 19 88, Fax 945 18 17 68, ifj@alava.net,* €

Canciller Ayala
Gutes Haus der NH-Hotelkette, gegenüber dem Parque de la Florida gelegen. Vier Sterne, komfortabel. *185 Zi., Calle Ramón y Cajal 5, Tel. 945 13 00 00, Fax 945 13 35 05, www.nh-hoteles.com,* €€

Ciudad de Vitoria
Vier-Sterne-Hotel in günstiger Lage nahe dem Parque de la Florida, gutes Frühstücksbuffet. Freundlich aufgemachte Gemeinschaftszonen, darunter der begrünte Innentrakt und ein Bereich für Kunstausstellungen; abends gibt es regelmäßig Livemusik in der *Pianobar Wellington*. Gegen Extragebühr Sauna (Mo–Fr) und das hauseigene Parkhaus. *149 Zi., Portal de Castilla 8, Tel. 945 14 11 00, Fax 945 14 36 16, www.hoteles-silken.com,* €€–€€€

Insider Tipp

Desiderio
Strategisch günstige Lage zwischen dem Artium-Museum und der Altstadt, solides Zwei-Sterne-Niveau. Alle Zimmer mit Bad und TV. *21 Zi., Colegio San Prudencio 2, Tel. 945 25 17 00, Fax 945 25 17 22,* €

Parador de Argómaniz
Eine Anfahrt ins 12 km östlich gelegene Örtchen *Argómaniz* **[113 F2]** werden manche gerne in Kauf nehmen, um ein Zimmer in diesem Drei-Sterne-Quartier aus der Paradores-Kette zu beziehen. In dem

Landhaustourismus

Ein Herz fürs Grün

Turismo rural heißt der Zauberbegriff. Im Zuge dieses in Mode gekommenen »ländlichen Tourismus« sind immer mehr Zimmer und Häuser tage-, wochenend- und wochenweise mietbar. Naturparks, Wandern, Radfahren, dörfliche Umgebung, unverbrauchte Luft – das ist es, was einheimische und auswärtige Besucher abseits des Mainstreams selbst in entlegenste Winkel treibt. Außerdem sind die Preise gemeinhin recht günstig. Unter dem Titel »Alojamientos en el Medio Rural« halten die Fremdenverkehrsämter jährlich aktualisierte Broschüren mit den genau eingezeichneten Standorten der Unterkünfte bereit.

wappenverzierten Renaissancepalais soll schon Napoleon genächtigt haben. Das angeschlossene Restaurant (€€– €€€) tischt regionale Spezialitäten auf. *53 Zi., Carretera N-I, (bei Km 363 ausgeschilderte Abzweigung), Tel. 945 29 32 00, Fax 945 29 32 87,* €€

AM ABEND

An den beliebtesten »Ausschwärmtagen« Freitag und Samstag zieht es die Jugend vor allem in den Bereich der Altstadtgassen *Cuchillería* und *Zapatería,* wo sich viele Kneipen konzentrieren. Theateraufführungen und Konzerte gibt es im *Teatro Principal (Calle San Prudencio 29, Tel. 945 16 10 45).* Im Tourismusbüro ist ein monatlich erscheinendes Veranstaltungsheft *(guía de ocio)* erhältlich.

AUSKUNFT

Plaza General Loma s/n, Tel. 945 16 15 98, Fax 945 16 11 05, www.vitoria-gasteiz.org/turismo

ZIELE IN DER UMGEBUNG

Arantzazu/Aranzazu **[110 A6]**
Unter religiösem Stern steht eine Tour bis zum Bergheiligtum von Arantzazu, ca. 60 Straßenkilometer nordöstlich von Vitoria. Hier soll einst einem Schäfer die heilige Maria erschienen sein. Die moderne Basilika datiert aus der Mitte des 20. Jhs. *Anfahrt über Arrasate-Mondragón und Oñati*

Armentia **[113 E2]**
Wallfahrtsstätte mit der *Basílica de San Prudencio,* wenige Kilometer südwestlich der City am Jakobsweg gelegen. In ihren stilistischen Ursprüngen ist die Basilika romanisch und dem Schutzheiligen der Region geweiht, der gemäß der Überlieferung aus Armentia stammte. *Öffnungszeiten wechselnd, meist Mo–Fr 10–14, Sa 11–14 u. 17–20, So 10–12 u. 17–20 Uhr*

Angenagt vom Zahn der Zeit: der romanische Figurenschmuck an der Kirche von Estíbaliz

Estíbaliz **[113 F2]**
Die sorgsam behauenen Kapitelle, drei halbkreisförmige Apsiden und das *Speciosa*-Portal mit seinem Steindekor machen das Heiligtum von Estíbaliz, 10 km östlich von Vitoria, zum Juwel der alavesischen Romanik. Im Innern der im Regelfall auch über Mittag geöffneten Kirche verehren die Gläubigen das romanische Bildnis »Unserer lieben Frau von Estíbaliz«, *Nuestra Señora de Estíbaliz;* außerdem ist ein interessantes Taufbecken aus dem 13. Jh. zu sehen. Der Großparkplatz

weist auf die Bedeutung als Wallfahrtsziel hin, denn die hiesige Maria wird als Patronin Álavas verehrt. Gleich gegenüber liegt der moderne Klosterkomplex der Benediktiner, die die Kirche regelmäßig für Morgenlob und Vesper nutzen.

Gazeo/Gaceo **[114 A2]**
Knapp 25 km östlich gelegener Ort am Jakobsweg, bekannt wegen seiner gotischen Wandmalereien in der *Iglesia de San Martín*. Die Martinskirche hat keine regelmäßigen Öffnungszeiten, auf Anfrage gibt es geführte Besuche über das Tourismusbüro *Tura (Calle Zapateri 15, Tel. 945 31 25 35, www.agurain.biz)* im nahen *Agurain/Salvatierra*, das ebenfalls Führungen durch die Kirche von *Alzaiza* mit weiteren Wandmalereien anbietet.

Iruña-Veleia **[113 D2]**
Ausgedehnte Fundstätte einer römischen Stadt, 12 km westlich von Vitoria zwischen den Örtchen Villodas und Trespuentes gelegen. *Mai bis Mitte Okt. Di–Fr 11–14 u. 16–20, Sa 11–15, So 10–14 Uhr, Mitte Okt.–April Di–Sa 11–15, So 10–14 Uhr, www.veleia.com*

Der Besuch lässt sich mit einem Abstecher ins nahe *Mendoza* (s. u.) kombinieren, außerdem liegt nahe der Steinbrüche von Trespuentes ein botanischer Garten *(Jardín Botánico Santa Catalina, Di–Fr 10–14, Sa/So 11–20 Uhr)*.

Mendoza **[113 D2]**
Unübersehbar ragt aus dem dörflichen Bild die *Torre de los Mendoza,* ein wuchtiges Turmrechteck aus dem 13./14. Jh., das in einen Unterbereich aus vier kleinen Rundwehrtürmen gefasst ist. Hier ist das alavesische Wappenmuseum untergebracht *(Museo de Heráldica Alavesa, Di–Fr 11–14 u. 16–20, Sa 11–15, So 10–14 Uhr)*. Etwa 10 km westlich von Vitoria.

Parque Natural de Gorbeia **[108–109 C–E 4–6]**
Um den Berg Gorbeia gelegener Naturpark (ca. 200 km²), der rund 20 km nordwestlich von Vitoria beginnt und sich in die Provinz Vizcaya hinein erstreckt. Das Infozentrum *(Centro de Interpretación, Central de Baias, Tel. 945 43 07 09)* liegt bei *Sarria* **[109 D6]**, hier startet auch eine Tour auf den 1482 m hohen Gipfel des Gorbeia.

In *Murgia/Murguía,* dem südlichen Nachbarort von Sarria, nehmen Ausflügler gerne Quartier in dem kleinen Hotel *La Casa del Patrón (14 Zi., San Martín 2, Tel. 945 46 25 28, Fax 945 46 24 80, www.casadelpatron.com, €)*; dem Zwei-Sterne-Haus ist ein Restaurant angeschlossen. Wenige Kilometer südlich von Murgia liegt das regional bedeutende Heiligtum *Virgen de Oro*.

Parque Natural de Izki **[113 F3–4]**
★ Wanderfreunde finden in diesem 91 km² großen Naturschutzgebiet ein Netz aus über einem Dutzend beschilderten Wegen. In *Korres* hat das Infocenter *(Caseta del Parque, im Sommer Di–So 10–19 Uhr, sonst Di–So 9–15 Uhr, Tel. 945 41 05 02)* seinen Sitz. Hier bekommen Sie Karten, hier startet eine nicht zuletzt für Familien mit Kindern gut geeignete 5,3-km-Strecke (s. »Mit Kindern reisen«). Längere Tagestouren führen durch das Hochtal von Izki, in dem einer der landesweit reichsten Bestände an

Im Naturpark von Valderejo stehen die Chancen gut, Gänsegeier zu sehen

Pyrenäeneichen wächst. Außerdem gibt es Steineichen, Buchen, Buchs und Schwarzerlen. Charakteristisch für die Fauna sind der Mittelspecht, der Springfrosch sowie zahlreiche Schmetterlingsarten.

Der Izki-Naturpark, der mit dem Kapildui eine Maximalhöhe von 1175 m erreicht, liegt rund 40 km südöstlich von Vitoria. Unterkunft ganz in der Nähe finden Sie in *Maeztu* **[114 A3]** im Landhotel *Los Roturos (8 Zi., Calle Herrería, Tel. 945 41 02 50, Fax 945 41 05 04, www.losroturos.com, €)* mit Restaurant.

Parque Natural de Valderejo **[112 A2]**

★ Das 60 km westlich von Vitoria gelegene Naturschutzgebiet ist ein kleines Wanderparadies und Heimat von über 200 Gänsegeiern, der größten Population im Baskenland. Endstation ist der Parkplatz am Ortsrand von *Lalastra,* ein Stück weiter an der Straße liegt das Infozentrum *(Casa del Parque, im Sommer Di–So 10–19 Uhr, sonst Di–So 9–15 Uhr, Tel. 945 35 31 46)* des 34 km^2 großen Naturparks.

Ab der Casa del Parque startet ein Wanderklassiker zur Schlucht des *Río Purón* (11 km hin und zurück, s. »Ausflüge & Touren«). Ein kürzerer Weg von 2,6 km (einfache Strecke) führt über das verlassene Dorf Villamardones hinauf zur *Ermita de San Lorenzo,* einer Einsiedelei, die über der Abbruchkante der Kalksteinfelsen thront. Ebenfalls reizvoll ist die *Senda de Vallegrull,* ein Weg, der über der höchsten Erhebung des Parks (Vallegrull, 1226 m) weitere Panoramablicke garantiert; zum Schutz der

Geier und ihres Nachwuchses bleibt dieser Pfad allerdings Jan. bis Aug. für Besucher gesperrt.

Im Ortszentrum von *Lalastra* finden Sie typische Bruchsteinhäuser, ein kleines volkskundliches Museum *(Centro de Interpretación Rural, unregelmäßig geöffnet, meist nur Sa/So)* und die Kirche (kurzer Aufstieg zum Uhrwerk aus dem 19. Jh.). Quartier bietet das Landhaus *Valderejo Etxea (6 Zi., Calle Real s/n, Tel./Fax 945 35 30 85, €)*. Alternativ zum großen Picknickplatz lädt das rustikale Restaurant *Mesón Valderejo (Mo geschl., Calle Real s/n, Tel. 945 35 30 85, €–€€)* zur Einkehr ein.

Ein ganzjährig geöffneter Campingplatz mit Vermietung von Bungalows (€) liegt 15 km entfernt bei *Villañane,* einem Ort, der vom mittelalterlichen Turmpalast derer von Varona beherrscht wird: *Camping Angosto, Carretera Angosto-Villañane, Km 1, Tel. 945 35 32 71, Fax 945 35 30 41, www.camping-angosto.com.*

Salinas de Añana **[112 C3]**

Inmitten einer Landschaft aus Hügeln und Getreidefeldern beschert der 800-Ew.-Ort ungewöhnliche Ansichten auf historische Salinen. An der Durchgangsstraße reihen sich kleine Aussichtspunkte mit Blick auf zahlreiche balkengestützte Terrassen und Becken auf, in denen man bereits zu Römerzeiten Salz durch Verdunstung gewann. Heute sind die Salinen Kulturdenkmal und warten auf ihre touristische Aufbereitung; etwas abseits des Ortsbilds setzt ein moderner Salzbetrieb die Traditionen fort.

Oberhalb des Talkessels von Salinas de Añana liegt der *Convento de San Juan de Acre* (ausgeschildert), ein Kloster mit Wurzeln im 14. Jh., das heute noch von einer kleinen Johanniter-Schwesterschaft bewohnt wird. Die alten Nonnen folgen, so gut es geht, ihrem »ora et labora« und stellen Duftkerzen her. Im vergitterten Besuchsraum können Sie die Kerzen kaufen, draußen im Vorhof geht es in die schlichte *Kirche* hinein *(im Regelfall tgl. 10–13 u. 17–19 Uhr, Sa abends Gottesdienst).* Insider Tipp

Salinas de Añana liegt ca. 35 km westlich von Vitoria; die Anreise lässt sich gut mit der Weiterfahrt in den Parque Natural de Valderejo kombinieren.

LAGUARDIA

[113 F5] ★ Romantische Gassen, wuchtige Mauern, Plätze, wappengeschmückte Häuser – das ist Laguardia, einer der malerischsten Orte in Nordspanien. Der Name bedeutet »die Wache« und weist auf jene Zeiten im Mittelalter hin, da der strategisch günstig gelegene Ort als Vorposten des Königreichs Navarra diente. Über das Becken des Ebro hin hatten die Soldaten hier den feindlichen Nachbarn Kastilien im Blick, ein Ausblick, den Besucher von heute genießen. Deutlich hebt sich der Ortshügel vor den Flanken der hinter ihm liegenden Sierra de Toloño ab, rundherum breiten sich die Rebgärten und Bodegas der Rioja Alavesa aus.

Auch Laguardia (1500 Ew.) selbst steckt voller Wein – man sieht ihn nur nicht. Unterirdisch wird der mittelalterliche Ortskern von verschiedensten Anliegern als Weinlager genutzt und ist von Kellern und langen Gängen durchsetzt. Einen Stock höher führt der Rundgang zur *Plaza Mayor* mit ihren Rathausarkaden und zur *Iglesia de Santa María de los Reyes,* neben der sich der *Glocken- oder Abteiturm (Torre Abacial)* aus dem 13. Jh. erhebt.

Das Ortsbild ist geschmackvoll mit Blumengehängen und Laternen aufgelockert, außerdem gibt es zwei nette Details: das *Glockenspiel* neben der Rathausuhr mit seinen bunten Trachtenfiguren und das »Viajeros« (Reisende) betitelte *Skulpturensemble* des zeitgenössischen Bildhauers Koko Rico im Schatten der Kirche Santa María de los Reyes. Ein guter Aussichtspunkt liegt außerhalb des Mauergürtels hinter dem Stadttor *Santo Cristo.*

Insider Tipp

SEHENSWERTES

Iglesia de Santa María de los Reyes

Auf dem Altstadthügel gelegene Kirche mit einem stilistischen Mix von der Romanik bis zur Renaissance. Ein Vorbau schützt das gotische ★ *Hauptportal,* eines der schönsten in ganz Nordspanien. Es wurde komplett aus Stein gefertigt und in der Barockzeit neu koloriert. Hier stürzt ein ganzer Farb- und Figurenkosmos auf die Betrachter ein: in der Mitte das Marienbildnis, seitlich die Apostelfiguren auf Sockeln und unter Baldachinen, in den Archivolten Weinranken und musizierende Engel, im Tympanon Szenen aus dem Leben Marias bis hin zur Himmelfahrt und ihrer Krönung als Himmelskönigin. Der *Hochaltar* im Kircheninnern datiert aus dem 17. Jh. und ist aus vergoldetem Nussbaumholz, in einem gläsernen Sarg ist ein barocker Christus zu sehen.

Kirchenbesuche mit den Damen des örtlichen Tourismusbüros im Regelfall *Di–Fr 10.30–13.30 u. 16.30–18.30, Sa 10.30–13.30 u. 17.30–18.30, So 10.30–13.30 Uhr*

MUSEUM

Villa Lucía – Centro Temático del Vino

Informative Ausstellung rund um den Wein, untergebracht in einer ehemaligen Bodega am Ortsrand. Vitrinen zeigen die sieben Rebsorten der Rioja und mögliche Krankheiten und Schädlinge wie Mehltau und Reblaus, Schautafeln das unermüdliche Wirken rund um den Weinbau. Ausgestellt sind Utensilien der Fassmacher und historisches Gerät. An 20 Duftzylindern bittet die interaktive Sektion zum Schnüffeltest: Nach was sollte ein Wein bitte riechen und wonach lieber nicht?

Insider Tipp

Die Besuche sind geführt oder in Eigenregie möglich; ca. 45-minütige Führungen sowie eine kleine Weinprobe gegen Aufpreis und nach Anmeldung. *Di–So 9.30–14 u. 16.30–20 Uhr, Carretera de Logroño s/n, Tel. 945 60 00 32, www.villa-lucia.com*

ESSEN & TRINKEN

Biazteri

Gute Tapas-Auswahl in der Bar, dahinter Durchgang in den urigen Speisebereich unter Holzbalken. Auf dem Altstadthügel gegenüber der Kirche San Juan gelegen. *So abends geschl., Calle Mayor s/n, Tel. 945 60 00 26,* €–€€

Unter dem spektakulären Wellendach der Bodegas Ysios reifen hoffentlich ebenso ansehnliche Rotweine heran

Marixa

Von diesem Panoramarestaurant haben Sie mit Álava, La Rioja, Navarra und Soria gleich vier spanische Provinzen im Blick. Wer die schönste Fernsicht genießen will, sollte vorsorglich ein Plätzchen im »Salón Cristal« reservieren. Es gibt u. a. gegrilltes Zicklein (*cabritillo asado*) und diverse Salate: typische regionale Küche, achten Sie auf die Empfehlungen des Tages (*recomendaciones del día*). *Tgl., Calle Sancho Abarca 8, Tel. 945 60 01 65,* €€

Posada Mayor de Migueloa

Breite Aufgänge leiten hoch hinauf ins Restaurant, die gute Küche hat freilich ihren Preis. Spezialität ist gegrilltes Lamm (*cordero asado*), es gibt aber auch Fischgerichte. *Tgl., Calle Mayor 20, Tel. 945 62 11 75,* €€–€€€

EINKAUFEN

In der Altstadt Weinverkauf in einigen *vinotecas* um den Rathausplatz und angrenzenden Gassen.

Bodegas

★ Abwärts in kühle Gemäuer, Weinprobe in den unterirdischen Gewölben – im Ortskern macht es die urige *Bodega El Fabulista (Plaza San Juan, Mo–Sa 11.30–13 u. 17.30–19, So 11.30–13 Uhr)* möglich. Ebenfalls im historischen Kern gelegen ist die *Bodega Carlos San Pedro (Calle Páganos 44, Di, Do, Fr 11–13.15, Sa 11–13.15 u. 17–20, So 11–14 Uhr).*

In Sichtweite des Altstadthügels von Laguardia stecken die ca. 2 km außerhalb gelegenen *Bodegas Ysios (Camino de La Hoya, möglichst nach Voranmeldung unter Tel.*

945 60 06 40, Mo–Fr 11, 13 u. 16, Sa/So 11 u. 13 Uhr, www.bodegasysios.com) in jeglicher Hinsicht den Gegenpol ab: mit ihrem spektakulären Wellendachdesign von Spaniens Stararchitekten Santiago Calatrava, modernstem Know-how und der ausnahmslosen Produktion von *reservas* aus eigenen Weingärten. Die rubinroten, samtigen Tropfen reifen nur in neuen Eichenholzfässern; zwischen Stapelgittern lagern außerdem 650 000 Flaschen.

ÜBERNACHTEN

Pachico Martínez
Solides Hotel, ein Stern, faires Preis-Leistungs-Verhältnis. Kein Luxus, aber sauber. *24 Zi., Calle Sancho Abarca 20, Tel. 945 60 00 09, Fax 945 60 00 05, www.pachico.com, €*

Posada Mayor de Migueloa
Altstadtpalais aus dem 17. Jh., durch und durch in rustikalem Stil gehalten mit Holzmobiliar und Bruchsteinwänden. Mit Restaurant und Bodega. *7 Zi., Calle Mayor 20, Tel. 945 62 11 75, Fax 945 62 10 22, www.mayordemigueloa.com, €€*

Villa de Laguardia
Unterhalb des Altstadtplateaus gelegenes Vier-Sterne-Hotel, gediegen und stilvoll. Günstig für Autofahrer ist der große hauseigene Parkplatz. Mit Restaurant und Bodega. *80 Zi., Paseo de San Raimundo 15, Tel. 945 60 05 60, Fax 945 60 05 61, www.hotelvilladelaguardia.com, €€€*

FREIZEIT & SPORT

Unterhalb des Ortsplateaus verlockt das kleine Seengebiet *Complejo Lagunar de Laguardia* zu einer Rundwanderung. Wege gibt es, auch eine kleine Broschüre im Tourismusbüro, doch vor Ort sind die Pfade noch unausgeschildert.

AUSKUNFT

Plaza San Juan s/n, Tel./Fax 945 60 08 45, www.laguardia-alava.com

Rioja Alavesa

Wein und Bodegas

Über die Rioja Alavesa verteilen sich rund 500 Weingüter, *bodegas,* von denen viele ihre Pforten für Besucher öffnen. Zumeist ist telefonische Voranmeldung erforderlich, die Führungen finden auf Spanisch oder Englisch statt. Ein Rundgang durch die heiligen Hallen dauert etwa 45–60 Minuten, kostet zwischen 3 und 6 Euro pro Person und endet mit einer im Preis enthaltenen Kostprobe *(cata).* Im Anschluss ist oft der Bodegashop für den Rotweinkauf geöffnet. Ein *crianza* ist mindestens zwei, ein *reserva* drei und ein *gran reserva* fünf Jahre lang in Eichenfass und Flasche gereift. Infos im Internet unter *www.rioja-alavesa.net*

Dieser Dolmen bei Elvillar wird passenderweise »Hexenhütte« genannt

ZIELE IN DER UMGEBUNG

Dolmen

Einige der knapp hundert in Álava gefundenen Dolmen liegen im Umland von Laguardia verstreut; diese vorgeschichtlichen Grabmonumente datieren allesamt aus dem 3. und 4. vorchristlichen Jahrtausend. Die Struktur aus senkrechten Tragsteinen und einem horizontal aufliegenden Block ist am besten beim Dolmen *La Chabola de la Hechicera* **[113 F5]** erkennbar; beschilderte Zufahrt Richtung Elvillar, ca. 5 km nordöstlich von Laguardia.

Haro **[113 D5]**

Bedeutender Weinbauort (12 000 Ew.) gleich hinter der Regionalgrenze zur Rioja, ca. 25 km westlich. Viele alte Adelspaläste zeigen, welch einen Reichtum der Weinhandel von alters her gebracht hat. Rund um die *Plaza de la Paz* lädt die kleine Altstadt zum Streifzug ein. Weinliebhaber zieht es direkt ins Viertel *Barrio de la Estación* mit seinen international bekannten Großkellereien. Besonders interessant sind Führungen durch die *Bodegas Muga (Tel. 941 31 18 25, www.bodegasmuga.com)* mit einer hauseigenen Fassmacherei; im Regelfall gibt es hier Mo–Fr um 11 Uhr Führungen auf Englisch.

La Hoya **[113 F5]**

Museum und archäologische Stätte aus der Bronzezeit, etwa 1 km vom unteren Teil Laguardias entfernt (ausgeschildert). Wie die Menschen hier vor 3400 Jahren siedelten, zeigt ein originalgetreuer Hausnachbau im Museum. Hinter einem Wiesengelände liegt das kleine Aus-

Logroño: vormittags entspannt flanieren in der Calle de Portales …

grabungsareal mit knöchel- und kniehohen Fundamentresten. *Mai bis Mitte Okt. Di–Fr 10–14 u. 16–20, Sa 11–15, So 10–14 Uhr, Mitte Okt.–April Di–Sa 11–15, So 10–14 Uhr, Eintritt frei*

Logroño **[114 A6]**
Über den Ufern des Ebro liegt 15 km südöstlich von Laguardia die Hauptstadt der Nachbarregion La Rioja. Logroño (140 000 Ew.) ist eine echte Entdeckung und von jeher Station der Jakobspilger auf dem Hauptweg zwischen Pamplona und Burgos. Dies wirft ein Licht auf die Bedeutung der Kirchen, von denen sich die wichtigsten im Stadtkern konzentrieren: die direkt am Jakobsweg gelegene *Iglesia de Santiago,* die Kathedrale *Santa María de la Redonda* mit ihren barocken Zwillingstürmen und die *Iglesia de San Bartolomé* mit ihrem reich dekorierten Portal.

In der City herrscht pralles spanisches Leben, vor allem auf dem *Paseo del Espolón,* in der arkadengesäumten Fußgängerzone *Calle de Portales* und in der *Calle del Laurel.* Ebendort, in einer der schönsten spanischen Kneipengassen, stürzt man sich ins Getümmel und zieht von Bar zu Bar. Auf rund 300 m pflegt jede der rund 30 Kneipen ihre ureigene Tapas-Spezialität – ob gefüllte Paprika oder geröstete Champignons auf Brot –, und das zu günstigen Preisen. Insider Tipp

Zum ausgiebigeren Tafeln empfiehlt sich das *Entrevinos (Calle Juan Lobo 1, Tel. 941 25 66 35, €€).* Auch Bodegabesichtigungen sind in Logroño möglich, z. B. in den mit Skulpturen ausstaffierten *Bodegas Ontañón (Avenida Aragón 3, Füh-*

rungen meist Di–Sa 11, 12, 17, 18, So 11, 12 Uhr, Tel. 941 23 42 00, www.ontanon.es).

Das Tourismusbüro liegt im Zentrum am *Paseo del Espolón, Tel. 941 29 12 60, Fax 941 29 16 40, www.lariojaturismo.com.*

Nájera [113 E6]

Riojanischer Jakobswegort (7000 Ew.) mit mittelalterlichen Wurzeln, ca. 20 km südwestlich von Laguardia; wegen der Ebro-Brücke führt die beste Anfahrt über *Lapuebla de Labarca.* Der Besuch in Nájera gilt vornehmlich dem unmittelbar an die Sandsteinfelsen gesetzten Kloster *Santa María la Real (Di–So 10–13 u. 16–19 Uhr)*, im 11. Jh. von König García gestiftet; sehenswert sind das königliche Pantheon, der »Kreuzgang der Ritter« und die »Wundergrotte« mit einem Marienbildnis. Der Ausflug ist ideal mit dem Besuch von Santo Domingo de la Calzada kombinierbar.

Santo Domingo de la Calzada [112 C6]

Dieses Städtchen (6000 Ew.) am Jakobsweg durch die Rioja war Schauplatz des weltbekannten mittelalterlichen »Hühnerwunders«, bei dem einst ein unschuldig erhängter Bursche am Galgen überlebt haben soll. In der *Kathedrale (Mo–Sa 9.30–13.30 u. 16–18.30 Uhr)* erinnert ein verglaster Hühnerstall mit lebendigem Federvieh an das Geschehen. Besucher werden durch das lohnende *Museum Sakraler Kunst* ins Kircheninnere geschleust. *www.lacalzada.es*

Gleich gegenüber dem Hauptportal und dem 70 m hohen Kathedralturm liegt das mittelalterliche Pilgerspital, das zum *Parador-Hotel (61 Zi., Plaza del Santo 3, Tel. 941 34 03 00, Fax 941 34 03 25, www.parador.es,* €€€*)* umgebaut worden ist; das vorzügliche Restaurant des Paradors (€€–€€€) tischt regionale Köstlichkeiten auf.

... abends Tapas essen in der trubeligen Kneipengasse Calle del Laurel

Berge, Täler und Gänsegeier

Die Touren sind in der Karte auf dem hinteren Umschlag und im Reiseatlas ab Seite 108 grün markiert

1 AN DEN QUELLEN DES WEINS

Provinz-Hopping in der Weinregion Rioja Alavesa: im weiten Einzugsbereich des Ebro im Auto durch Álava und die Rioja. Ausgangs- und Endpunkt ist Laguardia mit folgenden Stationen unterwegs: Lapuebla de Labarca – Elciego – Villabuena de Álava – Samaniego – Abstecher San Vicente de la Sonsierra und Weinmuseum bei Briones – Labastida – Peñacerrada. Mit rund 75 km ist die Strecke nicht allzu lang, doch kalkulieren Sie Zeit für Besichtigungen ein. Wer sich einer geführten Bodegatour anschließen will, muss sich rechtzeitig anmelden, z. B. in Elciego: Marqués de Riscal (Tel. 945 60 65 90, www.marquesderiscal.com, mit Onlineformular) oder Domecq (Besuche meist Mo–Sa 11 Uhr, Tel. 945 60 60 01). Je nach Interesse und Pausen ist ein voller Tag zu veranschlagen; für eine reine Landschaftstour mit einigen Stopps reichen ein paar Stunden.

Weinland: Die Rioja Alavesa bringt unverwechselbare Gewächse hervor

»Felicidad a los que marchan« – Glück denen, die aufbrechen, wünscht ein Kachelschild an den Stadtmauern von *Laguardia (S. 73)*. Also: Auf geht's! Unterhalb des Ortshügels führt das Nebensträßchen A-3216 nach Lapuebla de Labarca, ein herrlicher 6-km-Auftakt durch Weingärten. Im fernen Hintergrund werfen sich die Flanken der riojanischen Sierra de la Demanda auf. Beiderseits drängen Reben an den Asphalt heran, eine Senke löst die nächste ab. Am Weg verlieren sich Olivenbäume, Margeriten, Klatschmohn. *Lapuebla de Labarca* liegt über dem Ebro, der Namenszusatz verweist auf die Barke *(la barca)*, mit der man sich zu Zeiten, da es keine Brücke gab, über den Fluss schiffen ließ. Im Ort wählen Sie den Abzweig auf der kurvigen A-4208 nach Elciego, ein weiteres Traumstück durch typisches Weinland. Aus dieser Perspektive bieten sich schöne Blicke auf die nahe Sierra de Toloño mit ihren schroffen Flanken. Hinter einer Kurve taucht *Elciego* in einer Mixtur aus Alt und Neu auf: die Kirche San Andrés mit ihren Renaissancetürmen, davor das futuristische Formenspiel der *Bodegas*

Insider Tipp

Marqués de Riscal. Unverkennbar hat hier der nordamerikanische Architekt Frank O. Gehry Hand angelegt und der Traditionsbodega den Anstrich eines Guggenheim-Museums in Kleinformat gegeben. Wer mag, taucht bei Besuchen ein in die Schatzkammern des »roten Goldes«. Als Alternative bieten sich die *Bodegas Domecq* an der Ortsausfahrt nach *Villabuena de Álava* an.

Dort Sie sind ohnehin auf dem richtigen Weg, der Sie durch üppige Weingärten bis *Samaniego* bringt. Hier gibt es Bodegas wie Sand am Meer. Hinter Samaniego fahren Sie in die Rioja ein, erster Ort ist *Ábalos.* Falls Sie zurückkommen wollen in die Gegend: In Ábalos bietet Insider Tipp das Landhotel *Villa de Ábalos (14 Zi., Plaza Fermín Gurbindo, Tel. 941 33 43 02, Fax 941 30 80 23, www.hotelvilladeabalos.com, €€)* äußerst freundliche Unterkunft.

Hinter Ábalos laufen Rebgärten auf den Kirchhügel von *San Vicente de la Sonsierra* zu. In einem Kreisverkehr ist nicht nur der Weg nach links in den Ort ausgeschildert (schöner Blick vom Kirchplateau), sondern auch weiter zum Weinmuseum bei *Briones.* Schieben Sie unbedingt einen Abstecher Insider Tipp ein! Das *Weinmuseum (Dinastía Vivanco – Museo de la Cultura del Vino, im Sommer Di–So 10–20, sonst Di–Do, So 10–18, Fr/Sa 10–20 Uhr, www.dinastiavivanco.com)* ist das beste in der ganzen Region und zieht alle Register der Weinkultur. Die Sammlung umfasst historische Pressen, Kunstwerke (u. a. zwei Picassos) und eine kuriose Kollektion Tausender Korkenzieher. Im Eintrittspreis ist eine kleine Weinprobe enthalten, draußen liegt der »Bacchus-Garten« mit über 200 Rebsorten. Dem Museum ist ein hervorragendes *Schlemmerrestaurant (Mo geschl., Tel. 941 32 23 40, €€€)* angeschlossen; Häppchen gibt es in der Cafeteria.

Nach der Rückkehr auf die Hauptstrecke fahren Sie weiter bis *Labastida,* ein Ort, der vom Kirchendoppel Asunción und Santo Cristo beherrscht wird. Lohn des atemraubenden Aufstiegs zum Plateau der Santo-Cristo-Kirche ist die schöne Aussicht. Panoramablicke genießen Sie auch bei der 15-km-Fahrt von Labastida nach Peñacerrada. Es geht hoch hinauf ins *Toloño-Gebirge,* das Leitmotiv Wein weicht vorübergehend dem Leitmotiv Landschaft. Hier gedeihen Kiefern, Steineichen, Buchs, Wacholder. Hinter einer Passhöhe kommen Sie wieder nach Álava, das Hochbecken um Peñacerrada ist mit Mischwäldern, Getreidefeldern, Wiesen und Weiden gefüllt.

Am Ortsrand von *Peñacerrada* geht es an einer T-Kreuzung nach rechts und über den 1100-m-Pass Herrera zurück nach *Laguardia* (18 km). Auf der Fahrt hinab ins Ebro-Becken liegen Dörfer, Felder und Weingärten wie ein riesiger Flickenteppich zu Ihren Füßen. In Laguardia schließt sich der Kreis. Das Kachelschild an den Stadtmauern besagt »Paz a los que llegan« – Frieden denen, die ankommen.

2 STADT – LAND – FLUSS

Diese Rundtour verbindet die wichtigsten Städte im historischen spanischen Baskenland miteinander: Bilbao, Vitoria, Pamplona, San Sebastián. Unterwegs

Pamplona: An der Plaza del Castillo saß schon Hemingway beim Whisky

kommt auch die Landschaft nicht zu kurz. Länge der Route: ca. 400 km; je nach Lust und Laune planen Sie 3–6 Tage ein.

Hinter dem Tieflandbecken Bilbaos erwartet Sie Hügel- und Höhenland, das den Weg bis *Vitoria* *(S. 63)* vorgibt. Umgeben von weitläufigen Berg- und Waldlandschaften, setzt sich die Vegetation im Innenstadtbild fort und macht die Hauptstadt des Baskenlands zu einer der grünsten Städte Europas; buchen Sie am besten vorab ein Quartier. Sehenswert ist die Altstadt mit gemütlichen Bummelzonen, Restaurants und Museen.

Östlich von Vitoria zieht sich die N-I durch grüne Berg- und Talkulissen bis nach *Pamplona* (182 000 Ew.), das baskische *Iruña.* Navarras Hauptstadt breitet sich in einem Vorpyrenäenbecken aus und wird von Neubauringen eingeschnürt. Die Altstadt liegt um den Rathausplatz und die Plaza del Castillo, wo schon Ernest Hemingway das bunte Treiben genoss. Ihn lockte weniger die Kultur als vielmehr die *Fiesta de San Fermín*, Spaniens ausschweifendstes Volksfest (alljährlich 6.–14. Juli), begleitet vom weltberühmten Stiertreiben.

Außerhalb des Julitrubels spazieren Sie in Ruhe über die Stadtmauern, durch Gassen, die Zitadelle, den Taconera-Park. Blickfang ist die Kathedrale, zu der ein interessantes *Diözesanmuseum (So geschl.)* gehört. Unterkunft in der Altstadt z. B. im *Hotel Maisonnave (138 Zi., Calle Nueva 20, Tel. 948 22 26 00, Fax 948 22 01 66, www.hotelmaisonnave.es, €€€)* oder im *Hotel Eslava (28 Zi., Plaza Virgen de la O 7, Tel. 948 22 22 70, Fax 948 22 51 57, www.hotel-eslava.com, €)*. Speisen können Sie auf den Spuren Hemingways im *Café Iruña (Plaza del Castillo, Tel. 948 22 20 64, €–€€)*.

Nördlich von Pamplona beginnt eine schöne Bergstrecke mit Wäldern, Schaf- und Rinderweiden. Auf der N-121-A geht es durch den Tunnel von Velate/Belate, im Flusstal des Bidasoa liegt bei Oronoz das Naturschutzgebiet *Señorío de Bértiz.* In *Bera/Vera de Bidasoa* finden Sie im Insider Tipp *Hotel Churrut (17 Zi., Plaza de los Fueros 2, Tel. 948 62 55 40, Fax 948 62 55 41, www.hotelchurrut.com, €€)* eine ansprechende Unterkunft, in der sich auch hervorragend speisen lässt.

Auf der Höhe von Irún erreichen Sie die Küste; das nahe *Hondarribia (S. 52)* verlockt zu einem Abstecher, den längeren Strand bietet das französische Hendaye. 20 km westlich der Grenze liegt *San Sebastián (S. 45)*, das im Glanz seiner Eleganz erstrahlt. Eilige beschließen die Rundtour mit dem 120-km-Autobahnstück bis Bilbao. Wer über wesentlich mehr Zeit verfügt, nimmt hinter Deba eine kurvig-gebirgige Strecke in Angriff und kann bis *Bilbao (S. 27)* die gesamte Küstenlinie über Lekeitio und Bermeo abfahren.

3 GRÜNE IDYLLE VALDEREJO

Der im westlichen Baskenland gelegene Parque Natural de Valderejo (S. 72) beherbergt die größte Gänsegeierkolonie der Region, doch Vogelbeobachtungen sind nicht das einzige Erlebnis. In Lalastra startet eine Wandertour zur Purón-Schlucht (Desfiladero del Purón). Der Weg ist hin und zurück ca. 11 km lang und bietet keinen alpinen Schwierigkeitsgrad; allerdings entfallen auf die einfache Strecke etwa 300 m Höhendifferenz. Nicht vergessen: Fernglas, Picknick, gutes Schuhwerk. Wegen des möglichen stärkeren Zulaufs sollten Sie die Wochenenden meiden. Je nach Pausen und Länge der Anfahrt empfiehlt es sich, einen ganzen Tag einzuplanen.

In *Lalastra (S. 72)* führt der erste Weg ins *Infozentrum (Mo geschl.)* des Naturparks, wo günstig eine Wanderkarte erhältlich ist – wobei man sie eigentlich nicht braucht, denn gleich auf der anderen Seite der Straße beginnt der breite, gut beschilderte »Senda Purón« Richtung Ribera. Dieser »Purón-Weg« führt bald in ein Waldstück hinein und gibt dahinter einen herrlichen Blick auf das Valderejo-Becken frei, das im satten Grün seiner Weiden erstrahlt und von Kalksteinflanken umkränzt ist. Mit Glück und scharfem Auge sehen Sie in weiter Ferne die ersten Geier, auch das Geisterdorf *Villamardones* und die Einsiedelei *San Lorenzo* (Ziel einer kürzeren Wanderung) sind deutlich auszumachen.

Der Weg zieht sich an Kräuterbüschen und Ilex vorbei, geht in einen schmalen Pfad durch Kiefernforst über und kreuzt den Bachlauf des Polledo. Farne, efeuumrankte Stämme und Steineichen sind Begleiter auf dem Weg nach Ribera, ein längst verlassenes Dorf mit bemoosten Mauerresten und der Ortskirche auf einem markanten Felssporn. *Ribera* ist nach 3,6 km erreicht, ab dort ist der »Desfiladero del Purón« nach rechts über ein Brückchen ausgeschildert. Hinter einem neuerlichen Absperrgatter (hier ist, wie andernorts auch, Rinderweidegebiet) liegt ein schönes, schattiges Picknickplätzchen, dahinter erwartet Sie ein sanftes Abwärts über weitläufiges Wiesenge-

Parque Natural Valderejo: zu schade, dass im Río Purón baden verboten ist

lände. Hier sollten Sie wieder nach Geiern Ausschau halten, denn die umliegenden Felswände der Berge Santa Ana (1042 m) und Vallegrull (1226 m) sind ihre liebsten Nistplätze; Geier bekommt man übrigens das ganze Jahr über zu sehen.

Auf das Wiesenareal folgt ein schmaler Pfad, der zwischen Blätterdächern hindurch hinein in die Schlucht führt. Deutlich dringt das Rauschen des Río Purón ans Ohr, der über winzige Trassen abfällt. Achten Sie auf einen unscheinbaren steilen Treppenabstieg nach links, der an ein natürliches Flussbecken führt – ein herrliches Plätzchen zur Rast! Baden ist im Naturpark allerdings nicht erlaubt, so reizvoll es an manchen Tagen auch sein mag.

Insider Tipp

Der eigentliche Schluchtweg führt an Felswänden und Überhängen entlang, bis sich die Schlucht auf einen Schlag verbreitert. Hier ist der schönste Teil vorbei, doch es lohnt sich, ein weiteres Stück abwärts zu gehen. Das Freigelände ist von Buchs und Steineichen durchsetzt, Schmetterlinge tanzen in der Sonne – und vielleicht taucht am Himmel wieder ein Geier auf.

Wendepunkt ist eine beschilderte Pfadkreuzung, an der es links auf den Weg »Santa Ana« und geradeaus aus dem Park hinaus ins bereits zur Provinz Burgos gehörige Örtchen Herrán geht. Der Rückmarsch erfolgt auf demselben Weg, wobei sich in *Ribera* ein kurzer Pfadabzweig hinauf zur Kirchenruine empfiehlt – dort oben genießen Sie herrliche Ausblicke über das kleine Naturparadies des Valderejo-Parks. Zurückgekehrt nach *Lalastra,* finden Sie nahe der Kirche ein großes Picknickareal und im Ortszentrum ein einfaches Restaurant.

A I R W A V E

Zu Wasser, zu Lande und in der Luft

Wanderer kommen im Baskenland ebenso auf ihre Kosten wie Taucher und Surfer

Basken sind begeisterte Sportler – und davon kann sich jeder Auswärtige anstecken lassen. Das Baskenland ist eine Traditionsregion der Surfer mit entsprechend guten Spots. Im Inland gibt es sehr gute Radwandergebiete. Ein Segen für alle Wanderer: In den letzten Jahren hat die Zahl der beschilderten Wege sprunghaft zugenommen.

ABENTEUERSPORT

Ob Canyoning *(descenso en caños)* oder Höhlentrips *(espeleología)*, Klettern *(escalada)* oder Bungeejumping *(puenting)* – die Angebote im Baskenland sind breit gestreut. Zu den Anbietern zählen u. a. *Inguru Abentura (Martín Olabe 6, Vitoria, Tel. 945 28 81 14, www.inguruabentura.com)*, *Tura (Plaza Errotalde 32, Agurain/Salvatierra, Tel. 945 31 25 35, www.tura.org)*, *Naturlan (Amaia 2, Leioa/Lejona, Tel. 944 31 58 42, www.naturlan.es)*.

PARAGLIDING

Zwischen Himmel und Erde gleiten ist im Baskenland problemlos möglich, Paragliding heißt hier *parapente*. Die *Escuela de Vuelo Bidasoa (Campa de Errotahar, Barrio de Ibarla, Tel. 609 45 95 95, www.bidasoavuelo.com)* organisiert ebenso Kurse für Anfänger wie *Urruti Sport (José María 20, San Sebastián, Tel. 943 27 81 96, www.urruti.com)* und die *Escuela Vasca de Parapente (Sautuolabarri Auzoa 6-A, Zeberio, Tel. 946 48 05 63, www.evparapente.com)*. Richtpreis für einen sechstägigen Anfängerkurs, bei dem man am Ende in die Lüfte steigt: 400 Euro. Darin enthalten sind Theoriestunden und sämtliches Material (inkl. Helm und Walkie-Talkie).

Die Leichtigkeit des Seins: Auch das Gleitschirmfliegen will gelernt sein

RADFAHREN

Radeln in Spanien ist leider nicht uneingeschränkt zu empfehlen: fehlende Radwege, starker Verkehr, rücksichtslose Autofahrer. Im Baskenland jedoch gibt es Städte mit Radwegen und die rühmlichen Ausnahmen der *Vías Verdes*. Diese »Grünen Routen« sind auf historischen Trassen von Schmalspurbahnen eingerichtet worden, u. a. zwischen Vitoria und Puerto de Arlabán *(Vía Verde del Zadorra, 15 km)* sowie zwischen Ortuella und Galdames *(Vía Verde de Galdames, 15 km).* Ins benachbarte Navarra reichen die *Vía Verde del Plazaola* (Andoain–Lekunberri, 41 km) und die *Vía Verde Vasco Navarra II* (Antoñana–Murieta, 15 km) hinein.

In Vitoria gibt es von April bis November einen hervorragenden Service: einen kostenlosen Fahrradverleih an zehn Stellen in der Stadt. Wenden Sie sich ans Fremdenverkehrsamt (dort gibt es auch den Radwegeplan »Sendas urbanas«), oder suchen Sie städtische Zentren *(centros cívicos)* wie Lakua, Arriaga, El Pilar, Aldabe und Iparralde auf. Man muss Pass oder Personalausweis vorlegen, die Benutzung der Bikes ist auf vier Stunden begrenzt. Verfügbar sind 200 Räder. Übrigens: Offiziell herrscht für Radler in Spanien Helmpflicht.

Insider Tipp

REITEN

Über die Region verteilen sich zahlreiche Reitcenter, die Reitstunden bzw. Ausritte anbieten. Dazu zählen der *Club Hípico Zalditxo (Carretera de Manurga s/n, Gopegi, Tel. 945 46 40 31, Fax 945 20 34 58, zalditxo@mixmail.com)*, der *Club Hípico Bedia (Barrio Erroso s/n, Bedia, Tel./Fax 946 31 32 50, hipicabedia@hotmail.com)*, der *Club Hípico La Galea (Estrada Goinetxe s/n, Getxo, Tel./Fax 944 60 32 66, lagalea@teleline.es)* und der *Club Hípico Jaizubia (Jaizubia Hiribidea 1, Irún, Tel. 943 61 90 15, Fax 943 66 03 10, hipijaizubia@euskalnet.net).*

SURFEN

Der Atlantik weist eine ganze Reihe von Stränden für Surfer auf, u. a. die *Playa de la Zurriola* in San Sebastián, den langen *Hauptstrand von Zarautz* und kleinere Strände wie *Orio* und *Itzurun* (so heißt der Weststrand von Zumaia).

In San Sebastián bietet *Pukas Surf (Avenida de la Zurriola 24, Tel. 943 32 00 68, www.pukassurf.com)* Surfkurse für Anfänger und Fortgeschrittene an, beginnend bei Kindern und Jugendlichen ab acht Jahren. In Zarautz ist *Pukas Surf* ebenfalls mit einer Schule *(Edificio Torre Mar, Tel. 943 89 06 36)* vertreten, ansonsten gibt es die *Escuela de Surf de Zarautz (Mendilauta 13, Tel. 943 89 02 25, www.zarauzkosurfelkartea.com).* In Bakio führt der Weg zu *Bakio Surf (San Pelaio Auzoa 18, Tel. 946 19 58 35, www.bakiosurf.com).* Weitere Adressen finden Sie unter *www.euskalsurf.com*

TAUCHEN

Mit der Hilfe von Tauchschulen können Sie der reichen Flora und Fauna des Atantiks auf den Grund gehen, und mit etwas Glück bekommen Sie Tintenfische, Delphine und sogar die bizarren Mondfische zu sehen. Es gibt Anfängerkurse »Open Water Diver« und Angebote für Fortgeschrittene (inkl. Nachttauchen). Beliebt unter Tauchern ist das Areal um den Mausfelsen von Getaria.

Kurse gibt es u. a. bei folgenden Anbietern: in Zarautz bei *Alitan-Sub (Aritzbatalde 2, Tel. 943 13 26 47, www.alitan-sub.com)*, in Deba bei *Itxas Jai (Sokagin kalea 7, Tel. 943 19 28 58, www.itxasjai.com)*, in Hondarribia bei *Scuba Du (Ramón Iribarren 23, Tel. 943 64 23 53, www.divescubadu.com)*, in Mutriku bei *Buceo Euskadi (Iriagirre 4, Tel. 943 19 50 88, www.buceoeus*

Gelernt ist gelernt: Die Brandung an der baskischen Küste lockt Könner an

kadi.com) und in San Sebastián bei *Buceo Donosti (Camino de Igara 53, Tel. 943 31 23 13, www.buceo donosti.com).*

WANDERN

Viele Gemeindeverbünde haben begonnen, eigens für Wanderer erstellte Broschüren herauszugeben; fragen Sie in den Fremdenverkehrsämtern nach »Rutas de Senderismo«. Naturschutzgebiete wie *Valderejo* und *Izki* locken mit gut ausgebauten Wegenetzen, verlässliche Karten bekommen Sie in den Infozentren der Parks.

Im nordwestlich von Vitoria beginnenden *Naturpark Gorbeia* dient gut trainierten Wanderern das Infozentrum bei Sarria als Ausgangspunkt für eine Gebirgstour auf den 1482 m hohen Gipfel des Gorbeia, der von einem 18 m hohen Metallkreuz gekrönt wird. Der Aufstieg dauert 3–3,5 Stunden und kann ebenso gut ab dem weiter östlich gelegenen Örtchen Murua (länger, dafür weniger steil) angegangen werden; an der Murua-Seite liegt auch die *Cueva de Mairuelegorreta,* eine Höhle, die sich in mehreren Galerien verzweigt.

Für Wanderer sind selbstverständlich auch die unter »Radfahren« beschriebenen »Grünen Routen« *(Vías Verdes)* geeignet und natürlich der Jakobsweg *(Camino de Santiago),* der sich im Baskenland in eine Küsten- und eine Inlandsroute splittet. Allerdings handelt es sich hierbei nicht um die klassische Hauptstrecke – diese verläuft weiter südlich durch Navarra, die Rioja und Kastilien-León. In den Fremdenverkehrsämtern bekommen Sie (falls nicht gerade vergriffen) die auch auf Deutsch vorliegende Broschüre »Zwei Wege nach Santiago«, die detaillierte Streckenbeschreibungen der beiden baskischen Varianten enthält.

Ein Herz für den Nachwuchs

Haifischzähne zählen, Wandern, Fahrten in der Zahnradbahn, Hafentour, Nervenprobe in 50 m Höhe

Traditionsgemäß ist Spanien ein kinderfreundliches Land, da macht das Baskenland keine Ausnahme. Niemand regt sich über den Lärm des Nachwuchses auf, der selten vor 22 Uhr den Weg ins Bett findet. Schließlich beginnen Kindergarten, Vorschule und Schule meist erst um 9 Uhr. In Innenstädten und an Stränden sind in jüngster Zeit Unsummen in topmodernes Spielgerät wie Klettergerüste und Rutschen geflossen – da dürfen sich Familien mit Kindern bestens empfangen fühlen!

BILBO/BILBAO

Insider Tipp **Funicular de Artxanda** [U E1]
Ein äußerst preiswertes Vergnügen ist die Fahrt mit der Zahnradbahn *(funicular)* auf Bilbaos Hausberg Artxanda, von dem aus Sie eine schöne Aussicht genießen. Die Fahrt auf der 770 m langen Strecke dauert etwa drei Minuten. Die Bahn startet an der *Plaza Funicular* und schafft maximal 18 km/h. *Mo–Fr 7.15–22, Sa/So 8.15–22 Uhr (im Sommer bis 23 Uhr), Fahrt 0,81 Euro, Kinder 0,35 Euro*

Glänzend-braune Augen unter roter Baskenmütze: Dem Kind geht's gut!

Puente Colgante [108 C2]
Kontrollierter Nervenkitzel in luftigen Höhen über dem Río Nervión in Bilbao – ein Gang über die Schwebebrücke *Puente Colgante* in 50 m Höhe ist ein echtes Erlebnis! Von der 160 m langen *pasarela* haben Sie alles im Blick, auch den nahen Handelshafen von Bilbao. *Tgl. 10–20 Uhr (im Sommer bis 21 Uhr), 4 Euro, Kinder 3 Euro, www.puente-colgante.com*

GIPUZKOA/GUIPÚZCOA

Aquarium San Sebastián [111 D2]
Und der Haifisch, der hat Zähne. Und die kann man durch den Glastunnel des 2,5 Mio. l fassenden Ozeanariums hautnah betrachten – der Höhepunkt im Aquarium von San Sebastián. Ansonsten sehen Sie Rochen und Karettschildkröten, Seepferdchen, Langusten, Muränen – eine bunte, tropische Vielfalt an Fischen. Im Hintergrund sorgen Soundeffekte für Gluckern und Glucksen. Wissenschaftlich trockener geht es in der naturwissenschaftlichen Abteilung mit einem Walskelett, Fossilien und Korallen in Vitrinen zu. Für die Rast zwischendurch eignet sich die nette Cafeteria. *Mo–Fr 10–19, Sa/So* Insider Tipp

10–20 Uhr (Juli/Aug. tgl. 10–21 Uhr), Plaza Carlos Blasco de Imaz 1, San Sebastián, Eintritt 10 Euro, Kinder (4–12 Jahre) 6 Euro, www.aquariumss.com

Funicular Monte Igeldo/Igueldo **[110 C2]**

Die beste Möglichkeit, den schönsten Hausberg San Sebastiáns zu erstürmen, bietet die Zahnradbahn *(funicular)*. Start ist hinter der Playa de Ondarreta an der *Plaza del Funicular.* Auf dem Gipfel des Igeldo gibt es einen kleinen Vergnügungspark *(Parque de Atracciones)*, der allerdings nur unregelmäßig öffnet. *Okt.–März Mo/Di u. Do/Fr 11–18, Sa/So 11–20 Uhr, April bis Sept. tgl. 11–20 Uhr (im Hochsommer bis 22 Uhr), einfache Fahrt 1,10 Euro, Hin- und Rückfahrt 2 Euro, Kinder 0,70 bzw. 1,30 Euro*

Insider Tipp

Hafen- und Buchtrundfahrt **[111 D2]**

Molen und Möwengekreisch, salziger Wind und ein Hauch von Welt – ein Bootstrip bringt unverfälscht auf Hafen- und Meeresgeschmack. Hier tuckert man an Fischerbötchen, dicken Pötten, Verladekränen und historischen Werften vorbei. Zur Hafenseite hin haben sich im Ort *Pasai Donibane* Steintreppen erhalten, an denen manche Leute noch heute mit ihren Booten anlanden und direkt in ihr Haus hinaufgehen. Auch die Landschaft kommt von der Seeseite her gut zur Geltung: das tiefe natürliche Becken des Handelshafens von San Sebastián, darüber die grünen Abhänge des Jaizkibel, am Auslauf die spektakulären Klippen. Je nach Seegang geht die Fahrt auch ein Stückchen aufs offene Meer hinaus.

Die Touren dauern etwa 45–60 Minuten und starten am Ableger im Ortskern von Pasai Donibane. Notwendig ist eine Reservierung vorab, damit eine kleine Gruppe zustande kommt; von der Gruppengröße hängt dann der exakte Preis ab *(Fahrt ca. 6 Euro, Kinder ca. 5 Euro).* Reservierungen: *Gidaide – Servicios Turísticos y Culturales (Tel./Fax 943 26 11 08, gidaide@terra.es)*, Infos auch im *Tourismusbüro Pasai Donibane, Donibane 63, Tel. 943 49 45 21, Fax 943 34 17 77, www.oarsoaldea.net*

»Kleiner Zug Oiartzun« **[111 E2]**

Reizvoll ist eine Fahrt im »Kleinen Zug« *(Tren Berdea Oiartzun)* ab dem Rathausvorplatz von Oiartzun, 10 km südwestlich von Hondarribia. Die Zugtouren dauern etwa 2,5 Stunden und führen auf der alten Trasse der Schmalspurbahn, die heute als asphaltierter Rad- und Spazierweg aufbereitet ist, durchs Grün. Nach mehreren Tunneln liegt der Wendepunkt im *Naturpark Aiako Harria/Peñas de Aia.* Abfahrt ist meist Di und Mi um 10 Uhr, doch sicherheitshalber sollte man sich vorab bei der *Agentur Gidaide (Tel. 943 26 11 08)* oder im *Tourismusbüro Oiartzun (Donibane 11, Tel. 943 49 45 21)* erkundigen. *Fahrt 4 Euro, Kinder 2 Euro*

ARABA/ÁLAVA

Insider Tipp

Festival Internacional de Juegos **[113 E2]**

In *Vitoria* verwandeln sich Straßen und Plätze zwischen Mitte und Ende Juni in einen einzigen Open-Air-Spielplatz: beim »Internationalen Spiele-Festival«. Malen, bauen, basteln, Rennwagen flitzen lassen, eine

Spiel und Spaß unter spanischer Sonne: Was will kind mehr!

Runde im Festivalbähnchen drehen, Tischtennis spielen – es bleiben keine Wünsche offen, jeder kann mitmachen. Die Aktivitäten erstrecken sich über zwei Wochen und konzentrieren sich auf Vitorias Zentrum, u. a. die *Plaza de España*, den *Parque de la Florida*, die *Plaza de la Virgen Blanca*. Infos: *www.festivaldejuegos-jolasjaialdia.com*

Parque Natural de Izki **[113 F3–4]**
Warum nicht einmal mit (etwas älteren) Kindern auf Wandertour gehen? Im Naturpark Izki bietet sich ab *Korres* eine schöne, 5,3 km lange Strecke ohne nennenswerte Schwierigkeits- oder Gefahrengrade an. Ausgangspunkt ist der Ortskern mit seinem *Park-Infocenter*, wo Sie eine Übersichtskarte erhalten. Ab dort geht es um die Kirche herum und weiter auf der deutlich markierten Route Richtung Antoñana (»Senda Antoñana«). Anfangs ist der Weg sehr breit, dann mündet er in einen urwüchsigeren Pfad durch Buchs und Steineichen. Unterhalb des schroffen »Kastellfelsens« *Peña del Castillo* genießen Sie Ausblicke über Berg und Tal. Nach 2,4 km taucht eine Gabelung auf, an der Sie rechts den 1,4 km langen Übergang zum Bujanda-Weg (»a Senda Bujanda«) einschlagen. Nun geht es abwärts, bis Sie den breiten Bujanda-Weg erreichen und Korres mit 1,5 km ausgeschildert finden. Auf dem letzten Teilstück liegt der kleine *Stausee Aranbaltza* mit seiner Staumauer zur Linken, vom Abfluss her dringt Rauschen ans Ohr; bis Korres geht es teils eben, teils bergauf voran. Lohn nach all den Wanderstrapazen: eine Rast auf dem ca. 1 km von Korres entfernten *Picknickareal* (Anfahrt in kleiner Schleife Richtung San Román de Campezo), wo Sie fast zwei Dutzend Tische zur Auswahl und einen herrlichen Spielplatz mit Rutschen und Klettergerüsten finden.

Angesagt!

Was Sie wissen sollten über Trends, die Szene und Kuriositäten im Baskenland

Rundum fit

Sich einfach mal auspowern – unter jungen Basken boomt der Sport. Davon profitieren die immer zahlreicher gewordenen Fitnessstudios. Regionale Events wie Halbmarathons, Marathons und Triathlons verzeichnen Jahr für Jahr steigende Zuwachsraten. Landschaft und Klima sind überdies wie geschaffen für andere Outdoor-Aktivitäten wie Mountainbiking und Surfen.

Zwischen Pop und Folk

Pop und Rock »made in Spain« stehen hoch im Kurs. Zu den aktuellen nationalen Chart-Stürmern zählen Amaral, Chenoa, Bebe, Efecto Mariposa und El Sueño de Morfeo. Für volle Konzertsäle sorgen auch der baskische Folkmusiker Kepa Junkera und die Band Oskorri.

Altstadtbleibe

Junge Basken geben bei ihren Wohnungen nicht immer dem größten Komfort den Vorzug. Statt in brandneue Zonen zu ziehen, entscheiden sie sich häufig für die Altstadt. Da ist immer was los, da wohnt man mittendrin im Geschehen. Theater, Konzerte, Straßen-Events, Märkte, kleine Geschäfte und natürlich die besten Kneipen! All das wiegt Nachteile wie rissige Wohnungswände und fehlende Zentralheizung auf. Im Winter wärmt man die Bude mit Kerosin- oder Butangasöfchen. Wichtig ist, dass die Bleiben in den historischen Vierteln längst nicht so teuer sind wie in gesichtslosen Satellitenvierteln. Und nach dem abendlichen Zug von Altstadtbar zu Altstadtbar braucht man kein Auto mehr …

Traditionsbewusst

Da können junge Männer noch so viele Tattoos und Ohrringe tragen und cool bis zum Abwinken wirken – die Traditionspflege ist ihnen mindestens ebenso wichtig. Bei Volksfesten legen sie ihre Hanfschuhe an, geben sich den Schwert- und Fahnentänzen *(espatadanzak)* hin, spielen bei Umzügen auf der schrillen baskischen Flöte *(txistu)* und anderen alten Instrumenten oder treten als Stegreifpoeten *(bertsolari)* mit Sprechgesängen auf.

Von Anreise bis Zoll

Hier finden Sie kurz gefasst die wichtigsten Adressen und Informationen für Ihre Reise ins Baskenland

ANREISE

Auto

Die klassische Autobahnroute führt über Paris, Orléans, Tours, Poitiers und Bordeaux bis zur französisch-spanischen Grenze bei Irún. Ab Süddeutschland, Österreich und der Schweiz kommen verschiedene Varianten durch Frankreich in Betracht, z. B. über Lyon–Toulouse–Bayonne oder auf Nebenstrecken nördlich des Zentralmassivs über Bourges–Poitiers–Angoulême. Ab dem Grenzübergang Irún ist die Autobahn nach San Sebastián und Bilbao mautpflichtig.

Bahn

Bahnverbindungen ins baskische Grenzstädtchen Irún führen je nach Ausgangspunkt meist über Paris (Bahnhofswechsel erforderlich, am besten per Metro). Die Strecke Frankfurt/M.–Irún nimmt zum Beispiel 13–14 Stunden in Anspruch. Infos unter *http://reiseauskunft.bahn.de*

Bus

Die Europabusse der *Deutschen Touring (Tel. 069/79 03 50, www.deutsche-touring.de)* fahren regelmäßig ins Baskenland. Ein Beispiel für die Reisedauer: Köln–Bilbao 16 Stunden. Aus der Schweiz starten *Alsa-Busse (www.alsa.es)*.

Flugzeug

Maßgeblicher Airport ist der internationale Flughafen von Bilbao, der von teuren Linienjets und preiswerten Airlines angeflogen wird. Die kleineren Flughäfen von Vitoria und San Sebastián werden aus Madrid und Barcelona bedient. Je nach Sonderaktion bezahlt man für die einfache Strecke von z. B. Köln nach Bilbao ab 19,99 Euro inklusive Steuern und Gebühren.

Air Berlin bietet ab zahlreichen deutschen Städten, ab Zürich, Salzburg und Wien Verbindungen nach Bilbao an; im Regelfall geht es via Palma de Mallorca *(Tel. 01805/73 78 00, www.airberlin.com; Tel. 0820/73 78 00, www.flyniki.com)*. Hapag-Lloyd-Express *(www.hlx.com, Tel. 0180/509 35 09)* fliegt Bilbao ab Köln-Bonn und Stuttgart direkt an. Je nach Ausgangspunkt kommen nach Bilbao auch Umsteigeverbindungen mit Easy Jet *(www.easyjet.com)* über London-Standsted in Betracht. Ryan Air *(www.ryanair.com)* fliegt neuerdings von Frankfurt-Hahn nach Santander, ca. 110 km nordwestlich von Bilbao.

AUSKUNFT

Spanisches Fremdenverkehrsamt – *Kurfürstendamm 63, 10707 Berlin, Tel. 030/882 65 43, Fax 882 66 61, berlin@tourspain.es*

– Grafenberger Allee 100, 40237 Düsseldorf, Tel. 0211/680 39 81, Fax 680 39 85, dusseldorf@tourspain.es
– Myliusstr. 14, 60323 Frankfurt/M., Tel. 069/72 50 38, Fax 72 53 13, frankfurt@tourspain.es
– Postfach 15 19 40, 80051 München, Tel. 089/530 74 60, Fax 53 07 46 20, munich@tourspain.es
– Walfischgasse 8, 1010 Wien, Tel. 01/512 95 80, Fax 512 95 81, viena@tourspain.es
– Seefeldstr. 19, 8008 Zürich, Tel. 044/253 60 50, Fax 252 62 04, zurich@tourspain.es

AUTO

Spaniens Unfallraten sind leider europäische Spitze. Devise: defensiv, aber dennoch zügig fahren! Strengstens geahndet wird die Handybenutzung am Steuer. Promillegrenze: 0,5. Fahrzeuge dürfen nicht privat abgeschleppt werden, Scheinwerfer und Radio müssen beim Tanken ausgeschaltet sein. Ins Auto gehören zwei Warndreiecke und eine reflektierende Warnweste.

Die Höchstgeschwindigkeit liegt innerorts bei 50 km/h, auf Landstraßen – abhängig von der Beschilderung – bei 90 bzw. 100 km/h, auf Autobahnen bei 120 km/h. Es gibt kostenlose Schnellstraßen *(autovías)* und mautpflichtige Autobahnen *(autopistas)*. Tankstellen an Autobahnen und Schnellstraßen sind nicht teurer als andernorts.

BANKEN & KREDITKARTEN

Banken sind in der Regel *Mo–Fr 9–14 Uhr* geöffnet. Gängige Kreditkarten sind weit verbreitet, Geldautomaten längst Standard. Bei der Bezahlung mit Kreditkarten sollten Sie den Pass oder Personalausweis zur Hand haben.

CAMPING

Für Camper stehen im Baskenland knapp 20 Plätze zur Wahl, die meisten davon in der Küstenregion der Provinz Guipúzcoa (darunter Hondarribia, San Sebastián, Zarautz, Gemeinde Mutriku). Auf manchen Plätzen werden Bungalows und fest installierte Mobil-Homes zu interessanten Preisen vermietet. Im Baskenland öffnen die meisten Campingplätze ganzjährig. Infos unter *www.infocamping.com*

DIPLOMATISCHE VERTRETUNGEN

Deutsche Honorarkonsulate

– Calle San Vicente 8, planta 13, Edificio Alba, Bilbao, Tel. 944 23 85 85, Fax 944 24 39 76, www.embajada-alemania.es
– Calle Fuenterrabía 15, 3° izquierda, San Sebastián, Tel./Fax 943 42 10 10

Österreichisches Honorarkonsulat

Calle Club 8, bajo, Las Arenas (Bilbao), Tel. 944 64 07 63, Fax 944 63 74 32, www.bmaa.gv.at

EINREISE

Der Personalausweis reicht. Bei der Einreise aus EU-Ländern findet im Regelfall keine Kontrolle statt.

FOTOGRAFIEREN

Es empfiehlt sich, ausreichend Fotomaterial von daheim mitzubringen. Das gilt für herkömmliche Filme ebenso wie für Speicherkarten. In Spanien ist meist alles teurer, auch Entwicklung und Abzüge. Batterien allerdings sind oft billiger.

GESUNDHEIT

In Spanien gilt die Europäische Krankenversicherungskarte (EHIC), ein Anspruch auf freie Arztwahl besteht jedoch nicht. Wer auf Nummer sicher gehen will, schließt zusätzlich eine Reisekrankenversicherung ab. Mit Blick auf die Kostenerstattung ist es wichtig, dass der behandelnde Arzt die Rechnung genau aufschlüsselt; das gilt auch für Medikamente.

INTERNET

– *www.spain.info* (sehr gut aufgemachte Website des Spanischen Fremdenverkehrsamts; auch auf Deutsch)
– *www.paisvascoturismo.net* (alles Wissenswerte zum Baskenland; auch auf Deutsch)
– *www.alaplaya.com* (alle baskischen Strände; auf Spanisch, Englisch und Französisch)
– *www.bilbao.net* (Bilbao; auf Spanisch und Englisch)
– *www.donostia.org* (San Sebastián; auf Spanisch, Englisch und Französisch)
– *www.vitoria-gasteiz.org/turismo* (Tourismus in Vitoria; auf Spanisch und Englisch)

INTERNETCAFÉS

Internetzentren sind häufig an Telefonzentralen *(locutorios)* angeschlossen. Die Preise schwanken erheblich. Richtwerte: 30 Minuten 1–1,50 Euro, 1 Stunde 2–3 Euro.

– Ciberteca, José María Escuza 23, Bilbao
– Vascobrasil, Reina Regente 7, San Sebastián
– Unigiros Express, Siervas de Jesús 17 A, Vitoria

KLIMA & REISEZEIT

Das atlantisch wechselhafte Klima verdankt seine Einflüsse dem Golf von Biskaya und den angrenzenden Pyrenäen. Regen und Niesel sind häufig. Als Reisezeiten empfehlen sich Frühjahr, Sommer und Herbst; im Winter bietet sich Bilbao als Ziel eines Citytrips an. Die Temperaturen des Atlantiks schwappen selbst im Sommer kaum über die 20-Grad-Marke.

MEDIEN

Tagesaktuelle internationale Presse ist nicht allzu oft zu finden. Wer Spanisch kann, greift zu Regionalzeitungen wie »Diario Vasco«, die auch eine wichtige Informationsquelle für Veranstaltungen und Busfahrpläne sind.

In guten Hotels sind meist deutsche Fernsehprogramme zu empfangen. Maßgebliche spanische Sender sind die staatlichen TVE1 und TVE2 sowie die privaten Antena 3 und Tele 5.

MIETWAGEN

Autoverleiher sind längst nicht so dicht gestreut wie in südlicheren Gegenden Spaniens. Günstiger als die Miete vor Ort sind Vorausbuchungen, z. B. am internationalen Flughafen von Bilbao, wo mehrere Gesellschaften ihre Büros haben. Angebote auf den Websites der Fluggesellschaften; gute Vergleichsmöglichkeiten z. B. bei Auto Europe *(www.autoeurope.de)*. Kalkulieren Sie für einen Kleinwagen Wochenpreise ab 170 Euro ein, inkl. Haftpflichtversicherung, Freikilometer und Steuern. Angebote für Mietwagen finden Sie auch unter *www.marcopolo.de.*

NOTRUFE

Allgemeine Notfälle: *112*
Nationalpolizei: *091*
Städtische Polizei: *092*

ÖFFENTLICHE VERKEHRSMITTEL

Im Baskenland ist das Busnetz hervorragend ausgebaut, alleine auf einer Strecke wie Bilbao–Vitoria gibt es Mo–Fr über 30 Verbindungen (Sa/So etwas weniger). Die Buspreise sind niedriger als die der Bahn und die Verbindungen gemeinhin häufiger. Empfehlenswert ist die Bahn hingegen auf der Strecke von San Sebastián an die französische Grenze nach Irún.

In jedem größeren Ort ist eine Busstation bzw. ein Busbahnhof *(estación de autobuses)* zu finden. Bei den Zügen unterscheidet man die normalen Renfe-Züge *(www.renfe.es, Reservierungen und Info-Tel. 902 24 02 02)* und die Schmalspurbahn Feve *(www.feve.es, Info-Tel. 944 25 06 15)*; die Bahnhöfe heißen entweder *estación de Renfe* oder *estación de Feve.*

ÖFFNUNGSZEITEN

Geschäfte sind gemeinhin Mo–Sa 9.30/10–13.30/14 sowie 16.30 bis 20 Uhr geöffnet, große Supermärkte *(hipermercados)* am Stadtrand Mo–Sa 10–22 Uhr. Behörden öffnen zumeist Mo–Fr 9–14. Montags sind die meisten wichtigen Museen geschlossen.

Die Öffnungszeiten der Tourismusbüros wechseln stark und hängen von der Reisezeit ab. In der Hauptsaison kann man von folgenden Zeiten ausgehen: Mo–Sa 9.30/10–13.30/14 u. 16.30/17–19.30 Uhr, So im Regelfall nur vormittags.

POST

Postämter in größeren Städten sind *Mo–Fr 8/8.30–20.30, Sa 8/8.30 bis 14 Uhr* geöffnet. Briefe bis 20 g und Postkarten in EU-Länder sowie in die Schweiz brauchen wenige Tage Laufzeit, das Porto steigt immer zu Jahresbeginn. Briefmarken sind nicht nur in Postämtern, sondern auch in Tabakläden *(tabacos)* erhältlich.

PREISE & EINTRITT

Das Baskenland zählt zwar zu den teuersten Regionen Spaniens, doch die öffentlichen Verkehrsmittel sind z. B. deutlich preiswerter als daheim. Wo Hotel- und Restaurantpreise aufgeführt werden, ist meistens kleingedruckt vermerkt, dass der 7-prozentige Mehrwertsteueraufschlag *Iva* hinzukommt.

In Museen bezahlt man 2,50–5 Euro Eintritt, gegen Vorlage des Ausweises gibt es häufig Nachlässe für Rentner *(jubilados)* und Studenten *(estudiantes)*.

SICHERHEIT

Im Baskenland ist die Kriminalitätsrate vergleichsweise gering, das Unterwegssein nicht »gefährlicher« als daheim. Wo viele Menschen zusammenströmen, sind Taschendiebstähle allerdings nie auszuschließen. Auch Autoknacker treiben ihr Unwesen, wobei es die meisten nicht auf den Wagen, sondern auf in demselben hinterlassene Wertgegenstände abgesehen haben. Wertsachen gehören in den Hotelsafe, der meist eine kleine Extragebühr kostet.

Was kostet wie viel?

Oliven	**ab 60 Cent** für eine Dose/ein Glas
Kaffee	**ab 1 Euro** für einen kleinen Milchkaffee *(cortado)*
Wein	**ca. 1 Euro** für ein Glas Landwein
Wurst	**ab 60 Cent** für 100 g *chorizo*
Benzin	**um 1,10 Euro** für 1 l Super bleifrei
Busfahrt	**ca. 8 Euro** für 100 km Überlandfahrt

TELEFON & HANDY

Bei Auslandsgesprächen wählen Sie die Vorwahl 00, dann die Landeskennzahl (Deutschland 49, Österreich 43, Schweiz 41), die Ortsvorwahl ohne 0 und die Teilnehmernummer. Die Vorwahl nach Spanien ist die 0034, danach wählen Sie die komplette Rufnummer, eine innerspanische Vorwahl gibt es nicht.

Öffentliche Telefónica-Zellen benutzt man am besten nicht mit Münzen (die verschwinden mitunter, ohne dass Sie telefoniert haben), sondern mit Telefonkarten *(tarjetas telefónicas)*. Diese Karten zu 6 und 12 Euro sind in Tabakläden erhältlich.

Handys sind komplikationslos benutzbar, doch auf den Preis nehmen die treuen Begleiter keine Rücksicht, wenn sie den vor Ort zuständigen Netzbetreiber auswählen.

UNTERKUNFT

Auswahl von der einfachen Pension *(pensión)* über den Gasthof *(hostal)* bis zu Hotels, die mit einem bis fünf Sternen klassifiziert sind. In baskischen Städten decken Hotelketten wie Barceló *(www.bchoteles.com)* und NH *(www.nh-hotels.com)* gehobene Ansprüche ab, in der Provinz sind Landhäuser *(casas rurales)* populär. Die Zimmerpreise beinhalten meist kein Frühstück.

TRINKGELD

Im Restaurant geben zufriedene Gäste 5–10 Prozent, in Kneipen rundet man den Betrag allenfalls ein wenig auf. Das Zimmerpersonal im Hotel wird sich über 1 Euro pro Tag freuen. Trinkgeld für Taxifahrer ist nicht üblich.

ZOLL

Innerhalb der EU dürfen Sie Waren für den persönlichen Gebrauch frei ein- und ausführen, u. a. 800 Zigaretten, 10 l Spirituosen und 90 l Wein. Für Schweizer gelten geringere Freimengen, u. a. 1 l Spirituosen, 200 Zigaretten. *www.zoll.de*

Wetter in Bilbao

	Jan.	Feb.	März	April	Mai	Juni	Juli	Aug.	Sept.	Okt.	Nov.	Dez.
Tagestemperaturen in °C	12	14	15	16	20	22	25	25	24	21	16	13
Nachttemperaturen in °C	5	6	6	8	10	13	15	15	14	11	8	7
Sonnenschein Std./Tag	2	3	4	4	5	6	6	6	5	4	3	2
Niederschlag Tage/Monat	14	13	12	13	12	8	6	7	8	10	12	13
Wassertemperaturen in °C	12	12	12	12	14	16	19	20	19	17	15	13

¿Hablas español?

»Sprichst du Spanisch?«
Dieser Sprachführer hilft Ihnen, die wichtigsten Wörter und Sätze auf Spanisch zu sagen

Zur Erleichterung der Aussprache:

c	vor »e« und »i« stimmloser Lispellaut stärker als engl. »th«
ch	stimmloses »tsch« wie in »tschüss«
g	vor »e, i« wie deutsches »ch« in »Bach«
gue, gui/que, qui	das »u« ist immer stumm, wie deutsches »g«/»k«
j	immer wie deutsches »ch« in »Bach«
ll, y	wie deutsches »j« zwischen Vokalen. Bsp.: Mallorca
ñ	wie »gn« in »Champagner«

AUF EINEN BLICK

Ja./Nein.	Sí./No.
Vielleicht.	Quizás./Tal vez.
In Ordnung./Einverstanden!	¡De acuerdo!/¡Está bien!
Bitte./Danke.	Por favor./Gracias.
Vielen Dank!	Muchas gracias.
Gern geschehen.	No hay de qué./De nada.
Entschuldigung!	¡Perdón!
Wie bitte?	¿Cómo dice/dices?
Ich verstehe Sie/dich nicht.	No le/la/te entiendo.
Ich spreche nur wenig ...	Hablo sólo un poco de ...
Können Sie mir bitte helfen?	¿Puede usted ayudarme, por favor?
Ich möchte ...	Quiero .../Quisiera .../Me gustaría ...
Das gefällt mir (nicht).	(No) me gusta.
Haben Sie ...?	¿Tiene usted ...?
Wie viel kostet es?	¿Cuánto cuesta?

KENNENLERNEN

Guten Morgen!	¡Buenos días!
Guten Tag!	¡Buenos días!/¡Buenas tardes!
Guten Abend!	¡Buenas tardes!/¡Buenas noches!
Hallo! Grüß dich!	¡Hola! ¿Qué tal?
Ich heiße ...	Me llamo ...
Wie ist Ihr Name, bitte?	¿Cómo se llama usted, por favor?
Wie geht es Ihnen/dir?	¿Cómo está usted?/¿Qué tal?

Danke. Und Ihnen/dir?	Bien, gracias. ¿Y usted/tú?
Auf Wiedersehen!	¡Adiós!
Tschüss!	¡Adiós!/¡Hasta luego!
Bis morgen!	¡Hasta mañana!

UNTERWEGS

Auskunft

links/rechts	a la izquierda/a la derecha
geradeaus	todo seguido/derecho
nah/weit	cerca/lejos
Wie weit ist das?	¿A qué distancia está?
Können Sie mir sagen, wie ich nach ...komme?	¿Podría decirme cómo se va a ...?
Überqueren Sie ...	Atraviese ...
... die Brücke.	... el puente.
... den Platz.	... la plaza.
... die Straße.	... la calle.
Bitte, wo ist ...	Perdón, ¿dónde está ...
... die U-Bahn?	... el metro?
... die Haltestelle?	... la parada?
An der Ampel ...	Al semáforo ...
An der nächsten Ecke ...	An la primera esquina ...
Zum ...Hotel.	Al hotel ...
Halten Sie bitte hier.	Pare aquí, por favor.

Schilder und Informationen	**Carteles e Señales**
Ausgang, Ausstieg	la salida
Ausstellung	la exposición
besetzt	ocupado
Besichtigung	la visita
Damen	señoras
Eingang, Einstieg	la entrada, la subida
Eintrittskarte	la entrada, el billete
Ermäßigung	el descuento, la reducción
Fahrkarte, Ticket	el billete
Fahrplan	el horario
frei	libre
Gebäude	el edificio
geöffnet	abierto
geschlossen	cerrado
Gleis	el andén
Gottesdienst	la misa, el culto
Herren	caballeros
Jahrhundert	el siglo
Kasse	la caja
kein Trinkwasser	agua no potable

Kinder	niños
Kirche	la iglesia
Spielplatz	el parque infantil
(Stadt-)Plan	el mapa
Studenten	estudiantes
Toilette, Waschraum	el lavabo, los servicios, el baño
Zuschlag	el suplemento

ESSEN/UNTERHALTUNG

Reservieren Sie uns bitte für heute Abend einen Tisch für vier Personen.	¿Puede reservarnos para esta noche una mesa para cuatro personas?
Auf Ihr Wohl!	¡Salud!
Die Speisekarte, bitte.	La carta, por favor.
Könnte ich bitte … haben?	¡Tráigame … , por favor!
… ein Messer …	… un cuchillo …
… eine Gabel …	… un tenedor …
… einen Löffel …	… una cuchara …
… Salz …/… Pfeffer …	… la sal …/… la pimienta …
Bezahlen, bitte.	¡La cuenta, por favor!
Hat es geschmeckt?	¿Le/Les ha gustado la comida?
Das Essen war ausgezeichnet.	La comida estaba excelente.
Haben Sie einen Veranstaltungskalender?	¿Tiene usted un programa de espectáculos?

EINKAUFEN

Wo finde ich …	Por favor, ¿dónde hay …
… eine Apotheke?	… una farmacia?
… eine Bäckerei?	… una panadería?
… ein Fotogeschäft?	… una tienda de artículos fotográficos?
… ein Einkaufszentrum?	… un centro comercial?
… ein Lebensmittelgeschäft?	… una tienda de comestibles?
… den Markt?	… el mercado?

ÜBERNACHTUNG

Können Sie mir bitte … empfehlen?	Perdón, señor/señora/señorita. ¿Podría usted recomendarme …
… ein Hotel…	… un hotel?
… eine Pension…	… una pensión?
Ich habe ein Zimmer reserviert.	He reservado una habitación.
Haben Sie noch …	¿Tienen ustedes …?
… ein Einzelzimmer?	… una habitación individual?
… ein Zweibettzimmer?	… una habitación doble?
… mit Dusche/Bad?	… con ducha/baño?

… für eine Nacht?	… para una noche?
… für eine Woche?	… para una semana?
… ein ruhiges Zimmer?	… una habitación tranquila?
Was kostet das Zimmer mit …	¿Cuánto cuesta la habitación con …
… Frühstück?	… desayuno?
… Halbpension?	… media pensión?

PRAKTISCHE INFORMATIONEN

Arzt

Können Sie mir einen guten Arzt empfehlen?	¿Puede usted indicarme un buen médico?
Ich habe hier Schmerzen.	Me duele aquí.
Ich habe …	Tengo …
… Kopfschmerzen.	… dolor de cabeza.
… Zahnschmerzen.	… dolor de muelas.
… Durchfall.	… diarrea.
… Fieber.	… fiebre.

Post

Was kostet …	¿Cuánto cuesta …
… ein Brief …	… una carta …
… eine Postkarte …	… una postal …
… nach Deutschland?	… para Alemania?
Eine Briefmarke, bitte.	Un sello, por favor.

ZAHLEN

0	cero	19	diecinueve
1	un, uno, una	20	veinte
2	dos	21	veintiuno, -a, veintiún
3	tres	22	veintidós
4	cuatro	30	treinta
5	cinco	40	cuarenta
6	seis	50	cincuenta
7	siete	60	sesenta
8	ocho	70	setenta
9	nueve	80	ochenta
10	diez	90	noventa
11	once	100	cien, ciento
12	doce	200	doscientos, -as
13	trece	1000	mil
14	catorce	2000	dos mil
15	quince	10000	diez mil
16	dieciséis		
17	diecisiete	1/2	medio
18	dieciocho	1/4	un cuarto

Reiseatlas Baskenland

Die Seiteneinteilung für den Reiseatlas finden Sie auf dem hinteren Umschlag dieses Reiseführers

Kartenlegende Reiseatlas

Autobahn mit Anschlussstelle - Mautstelle	Horb 14	Motorway with junction - Toll
Autobahn in Bau - geplant	Datum/Date	Motorway under construction - projected
Tankstelle - Rasthaus - mit Motel	La Macchia	Filling station - Restaurant - with motel
Vierspurige Straße - in Bau		Road with four lanes - under construction
National- oder Staatsstraße - in Bau		Trunk road - under construction
Wichtige Hauptstraße - in Bau		Important main road - under construction
Hauptstraße - Nebenstraße		Main road - Secondary road
Fahrweg - Fußweg		Practicable road - Foothpath
Passstraße mit Wintersperre - Steigung	X-IV 10%	Mountain pass closed in winter - Gradient
Für Wohnwagen nicht empfehlenswert - gesperrt		Not suitable for caravans - closed
Gebührenpflichtige Straße - Für Kfz gesperrt		Toll road - Road closed for motor traffic
Hauptbahn mit Bahnhof - Nebenbahn		Main railway with station - Other railway
Eisenbahn (Güterverkehr) - Autoverladung		Railway (freight haulage) - Railway ferry for cars
Zahnradbahn - Seilbahn - Sessellift		Rack-railway - Cable lift - Chair lift
Autofähre - Schifffahrtslinie		Car ferry - Shipping route
Flughafen - Regionalflughafen - - Flugplatz - Segelflugplatz		Airport - Regional airport - - Airfield - Gliding field
Besonders sehenswerter Ort	DONOSTIA	Place of particular interest
Besondere Natursehenswürdigkeit	Grotta d. Vento	Natural object of particular interest
Sonstige Sehenswürdigkeit	Cittadella	Other objects of interest
Landschaftlich schöne Strecke		Scenic road
Touristenstraße	Camino de Santiago	Tourist route
Nationalpark, Naturpark - Aussichtspunkt		National park, nature park - Viewpoint
Botanischer Garten, sehenswerter Park - - Zoologischer Garten		Botanical gardens, interesting park - - Zoological garden
Burg, Schloss für Besucher zugänglich - Ruine		Castle open to public - Ruin
Sonstige Burg, Schloss - Kirche - Kloster - Ruinen		Other castle - Church - Monastery - Ruins
Turm - Funk- oder Fernsehturm		Tower - Radio- or TV tower
Denkmal - Leuchtturm		Monument - Lighthouse
Golfplatz - Jachthafen		Golf-course - Marina
Hotel, Motel, Gasthaus - Berghütte - Feriendorf		hotel, motel, inn - Mountain hut - Tourist colony
Campingplatz - Jugendherberge		Camping - Youth hostel
Strandbad - Schwimmbad - Heilbad		Bathing place - Swimming pool - Spa
Staatsgrenze		State boundary
Grenzkontrollstelle international - - mit Beschränkung		International check-point - - Check-point with restrictions
Verwaltungsgrenze - Sperrgebiet		Administrative boundary - Restricted area
Ausflüge & Touren		Excursions & tours

A
B
C
Mar Cantábrico
1
2
3
4
5
6
Portsmouth 27-30h
Playa de Oriñón
Islares
Cerdigo
Allendelagua
Cueva Peña del Cuco
(Pinturas Rupestres)
Playa de Castro
Playa de la Arena
Nocina
Cerredo
CASTRO-URDIALES
Rioseco
Balbacienta
Samano
Mioño
Ontón
Pobeña
Santullán
Lusa
Setares
Otañes
Pto de la Granja
Campo de Ventoso
Trebuesto
Helguera
Angostina
Ventoso
Llaguno
Agüera
Prov. de Cantabria
Ermita de la Trinidad
Mina Federico
Alen
Romaña
LA IGLESIA
(Trucios-Turtzioz)
Las Barrietas
Palacio Villanuevo
San Miguel de Linares
(Arcentales)
La Matanza
Villaverde de Trucios
Traslaviña
Beci
Las Toreachas
La Altura
Provincia de Cantabria
Regomedo
Herbosa
San Sebastián
Pando
Pandozales
Burgüeño
Peñueco
BALMASEDA
Gijano
Nava de Ordunte
Orrantia
Partearroyo
San Roque
Opio
La Presilla
Hornes
Entrambasaguas
Caniego
Menamayor
Medianas
Viérgol
Artieta
Montiano
VILLASANA de Mena
(Valle de Mena)
Sierra de Carbonilla
Santiago de Tudela
Santa María del Llano de Tudela
Ciella
Vallejo de Mena
Sienes
Barruso
Santa Olaja
Relloso
Peñalba
Villabasil
Lastras de la Torre
Encima Angulo
Sierra Salvada
Oteo
Cabañes de Oteo
QUINCOCES de Yuso
Lastras de Teza
(Valle de Losa)
Teza de Losa
Lodosa
Robredo de Losa
Calzada
Villaluenga
San Llorente
San Martín de Losa
Villacián
Barriga
Villalambrús
Río de Losa
San Pantaleón de Losa
Ermita de Aedo
Quintanilla la Ojada
Quintanilla Valluerca
Bóveda
Sierra de Peña
Acebedo
Talledo
La Rigada
San Juan de Muskiz
(Muskiz)
Pto de Las Muñecas
Las Muñecas
Arenao
Garape
Mercadillo
(Sopuerta)
San Esteban de Galdames
San Martín de Carral
Avellaneda
Casa de Juntas
Mimetiz
(Zalla)
La Herrera
Sollano-Llantada
Güeñes
Sodupe
Humarán
Chavarri
La Aceña
Triano
San Pedro
(Galdames)
Cueva de Arenaza
La Arboleda
Gallarta
(Abanto Zierbena)
Cuesta
(Zierbena)
San Pedro de Abanto
Santurtzi
Portugalete
Las Carreras
Ortuella
Gallarta
(Abanto y Ciervena-Trapagaran)
Valle de Trápaga
La Reineta
SAN VICENTE DE BARAKALDO
(Barakaldo)
El Regato
Saracho
Zaramillo
Ibarra
San Juan de Berbikiz
Zubieta
Santa María de Irasi
El Ponton
Sandamendi
(Gordexola)
Azkarai
Ermita de Santa Águeda
Artekona
Jandiola
Santa Coloma
Artziniega
Idubaltza
Abiega
N.ª S.ª de la Encina
Gordeliz
Torre
Llanteno
Ermita de la Concepción
Menagaray
Zuaza
Retes de Llanteno
Beotegui
Respaldiza
(Ayala/Aiara)
Erbi
Oceca
Menoyo
Izoria
Salmantón
Maroño
Añes
Aro
Emb. de Maroño
Aguiñiga
Mendeica
Belandia
Lendoño de Abajo
ORDUÑA
Prov. de Vizcaya
Llorengoz
Tertanga
Goba Aundi
Villaño
Mijala
Zaballa
Castillo Tertanga
Puerto de Orduña
Fresno de Losa
Aostri de Losa
Villaba de Losa
(Junta de Villaba de Losa)
Mambliga
Múrita
Berberana
Santa María de Getxo
Playa de Arrigunaga
Larrabasterra
Playa de Azkorri
Playa de Arrietara
Playa de Atxibiribil
Berango
ALGORTA
(Getxo)
Egusquiza
Moreaga
(Sopelana)
Goierri
La Campa
(Urduliz)
Elorza
Plentzia
Playa de Plentzia
Elejalde
(Barrica)
I. Billano
Playa de Armintza
Fano-Uresaranses
Elexalde
Auzoa
(Gorliz)
Armintza
Andraka
Butron
Elizalde
(Laukiz)
Unbe
Elexalde
(Leioa)
Zabaloetxe
(Loiu)
Lauro
Aeropuerto Bilbao
SESTAO
Altzaga
(Erandio)
Basozabal
(Sondika)
Elotxelerri
Bilbao
Basauri
ARIZGOITI
(Basauri)
Alonsotegui
Río Kadagua
Emb. de Nocedal
Emb. de Artiba
Autopista Solución Sur
Ganekogorta
Zollo
Emb. de Zollo
UGAO-MIRABALLES
Aguirre
Palacio de Zuricalday
Arene
(Arrankudiaga)
Zudibiarte
Ugalde
Zudiviarte
(Okondo)
LLODIO
Areta
Arcula
Aracaldo
Llodio
Untzeta
Puente rom.
Pagolarra
Gardea
Murueta
Luyando
Monte de Arrola
Jesuri
Zubiaur
Arbaiza
Ermita de San Roque
Murga
AMURRIO
Baramba
Aretxalde
(Lezama)
Ciorraga
Saracho
Inoso
Arbieto
Uzquiano
Oyardo
Artomaña
Gujuli
Unza
Délica
Belunza
Izarra
(Urkabustaiz)
Abecia
Andagoya
Arangatxa
Ermita de San Antonio
Guillarte
Sendadiano
Luna
Torre
Río Nervión
Río Izalde
Río Barbadun
Río Galindo
Río Cadagua
Río Llanteno
Río Nabón
Río Jerea
Río Agüera
Embalse del Juncal

112

D
E
F
5 km
1
2
3
4
5
6
Costa Vasca
Ermita de San Juan de Gaztelugatxe
Cabo Matxitxako
Playa de Bakio
Ermita de San Pelayo
San Pelaio
Arana
BERMEO
Isla de Izaro
Playa de Laida
Playa de Laga
Cabo Ogoño
Basigo (Bakio)
Zubiaur
San Miguel
Torre de Ertzilla
Mundaka
Gamecho
Elantxobe
Playa de Ea
Playa de Ogella
Alto del Sollube
Alboniga
Artigas
Akorda
Emerando
Arrona-tegui
La Iglesia (Sukarrieta)
Ermita de San Pedro
Ibarrangelu (Ibarrangelu)
Elejalde
Ea
Arrondo
Ermita de San Martin
Sta. Elena de Emerando
Axpe de Busturi (Busturia)
Kanala
Etxatxegi
Billela
Ermita de Santillandi
Sollube
Altamira
Basecheta
Natxitua
Bedarona
Ispaster-Elejalde (Ispaster)
LEKEITIO
Playa de Carraspio
San Lorenzo de Mesterica
San Kristobal
Cueva de Santimamiñe
Barrainka
Solarte
Licona
MUNGIA
Mesterika (Meñaka)
Andra Mari de Meñaka-Barrena
Elejalde (Forua)
Forua
Arteaga
Elexalde-Zeeta (Ereño)
Cueva de Lumentxa
Zelaia (Mendexa)
Alday (Fruiz)
Líbano (Arrieta)
Murueta
Metxika
Castillo de Arteaga
Zelaieta (Gautegiz Arteaga)
Gabika
Oleta
Cueva de Errek
Renteria
Ergoien (Gamiz-Fika)
Fruiz
GERNIKA-LUMO
Idokiliz
Mendieta (Ajangiz)
Elejalde (Nabarniz)
Eguen (Gizaburuaga)
Eleizalde (Amoroto)
Asterrica
Meaka
Zabala Belendiz
Mereludi
Fika
Meaca
Errigoiti
Loiola (Arratzu)
Illuntzar
Cueva
Ribera (Berriatua)
Andra-Mari (Morga)
Ugarte (Muxika)
Rio Golako
Aulesti
Rio Lea
Plazakola
Goitiolza
Flores
Marmiz
Olabe
Ermita de San Pablo
Zubero
Ubilla-Urberuaga
Garaiolza
Elejalde (Mendaia)
Berreño
Malax
Ermita de Santa Eufemia
Samikel Arretxinaga
Lezama
Astorecas
Astelarra
Rio Oka
Arbaegui y Gerrikaiz
Markina-Xemein
LARRABETZU
Zugastieta
Oca
Ermita Santiago
Zeinka
Adanas
Gorocica Elikaldea
Albiz
Munitibar (Munitibar-Arbatzegi Gerrikaitz)
Bolibar
Iturreta
Erbera o San A (Etxebarria)
Andres
La Cruz (Galdakao)
Amorebieta
AMOREBIETA (Amorebieta-Etxano)
San Martin
Ibarruri
Urrutxua
Ziortza
Monumento a Simón Bolívar
Barinaga
Galdakao
Magunas
Oiz
Gerena
Aginaga
Urko
Uransolo
Ermita de San Antolín
Garay (San Miguel)
Ermita de San Cristóbal
Puerto de Trabakua
Goitana
Ermita de Nuestra Señora de Arrate
Arrate
Elexalde (Bedia)
Eroso
Arraibi
Elorriaga
Ibaizabal
San Antonio
San Marcos
Garai
ERMUA
EIBAR
Euba
Durango
Komentuondo
Osma
Areitio
Maltzag
Ereño
Bernagoitia
Urtemondo
DURANGO
Berriz-Olakueta (Berriz)
Zaldibar
Autopista del Cantabrico
Ermita de San Martin
Elexalde (Igorre)
Orozqueta
Sanatorio Psiquiátrico
Eibar/Ermua
Santiago
Amezola
Zelaia (Arantzazu)
Ermita de San Cristóbal
Izurtza
Abadiño-Zelaieta (Abadiño)
Berriozabal
Arrabios
Mendraka
Egotxeaga
Rio Zeberio
Ermita
Bikarregi
Oba
Ermita de Alte
Mañaria
Ermita de San Martin
Mendiola
San Agustin
Kenita
Berrio
Arantzeta
Ubera
Ugarana (Dima)
Cueva de Bolinkoba
ELORRIO
Elgeta
Vildosolo (Castillo y Elejabeitia)
Cueva de Balzola
Cuevas de San Lorenzo
Apatamonasterio (Atxondo)
Irazola
Necrópolis
Angiozar
Apatomonasterio (Atxondo)
Areatza
Villaro
Parque Natural
Alluitz
Axpe
Marzana
Santiago
Indusi
Santuario de San Antonio
Iguria
Cueva de Askondo
Arrazola
Uribe
Zeanuri
Alto
Puerto de Urkiola
Urkiola
Ermita de Santa Bárbara
Udala
Puerto de Kanpazar
La Plaza (Zeanuri)
de Urkiola
Gallartu
Urigoiti
Presa
Undurraga
Ameitermin
Sierra de Arangio
Meatzerreka
Beneras
Garartza
Cueva de Sopelegor
Natural
Ipiñaburu
Puerto de Barazar
Ganzaga
Gesalibar
Antepacaluzeta
Echagüen
Ibarra (Aramaio)
ARRASATE-MONDRAGÓN
ARETXABALETA
Olaeta
Azkoaga
Torreauso
Sierra de Peña
Provincia de Vizcaya
Provincia de Álava
Gorbea
Otxandio
Uribarri
Altzaga
Aozaraza
Mekoleta
San Juan (Ubide)
Apozaga
Eskoriatza
Goroeta
Urrexola
de Gorbeia
Cuevas de Mairuelegorreta
Oketa
Mendiola
Emb. de Urkulu
Emb. de Albiña
Marin
Zarimutz
Bolibar
Cueva de Aizkirri
Embalses de Gorbea
Ollerias
Leintz-Gatzaga
Araotz
Autopista Vasco Aragonesa
Echagüen
LEGUTIANO VILLAREAL DE A.
Sierra de Elgea
Markina-Xemein
Murua
Elosu
Embalse de Urrunaga
Monumento a la Batalla de Villarreal
en constr.
Provincia de
Sarria
Cestafe
Zárate
Manurga
Gopegui (Zigoitia)
Nafarrate
Goiain
Ermita de San Bernabé
Ermita de Santa Marina
Murguia
Zaiteguí
Buruaga
Urrunaga
Ullibarri Gamboa
Elguea
Vitoriano (Zuia)
Jugo
Berricano
Betolaza
Urbina
Emb. de Ullibarri
Marieta
Santuario de Oro
Domaiquia
Letona
Mendarozqueta
Luco
Nanclares de Gamboa
Ozaeta
Hermua
Larrea
Aperregi
Apodaca
Miñano Menor
Arrieta
Arroyabe
Aspuru
Sierra de Arrato
Cuevas El Goro
Artaza
Foronda
Legarda
Mendigure
Mendívil
Maturana
Guevara
Hueto Arriba
Mandojana
Durana
Ullibarri-Arrazua
Etura

113

A
B
C
1
2
3
4
5
6
5 km
Mar Cantábrico
Costa Vasca
Cueva de Erreka
Rentería
ONDARROA
Saturraran
Playa de Deba
Playa de Itzurun
Playa de Santiago
Punta Isarria
Getaria
Playa de la Concha
Monte Mendizorrotz
Igeldo
Aritzeta
MUTRIKU
DEBA
Itziar
Itziar/Deba
ZUMAIA
San Prudencio
Eitzaga
ZARAUTZ
Chalet El Oasis
ORIO
Txikierdi
Usurbil
Olatz
Pico Arno
610
Astigarribia
Arretxinaga
Larruskain
Lasturbea
Lastur
Artadi
Zestoa/Zumaia
Muniasoro
Elkano
Urteta
Cueva de Altxerri (Pinturas Rupestres)
Ubegun
Aginaga
Hipódromo de Lasarte
San Andres
Urkaregi
Deba/Elgoibar
Azpilgoeta
Altzola
Arrona
Endoia
Ekain (Pinturas Rupestres)
Zestoa
Iraeta
Aizarnazabal
Monte Pagoeta
Urdaneta
Parque Natural de Pagoeta
Laurgain
Ermita de San Pedro
Andatza
562
Monte Estenaga
Ugarte
Berri
Balneario de Zestoa
Aizarna
Aia
710
488
ELGOIBAR
Arrate
Alto Azcárate
Madariaga
9%
Olaso
Monte Izarraitz
1034
Lasao
Ermita de Santa Engracia
Etumeta
Erdoizta
Monte Andatza
Asteasu
Zizurkil
Aduna
Azkue
Sallabente
(396)
AZPEITIA
Ermita de Santa
Ermita de San Juan Marina
Larraul
Río Asteasu
Maltzaga
Eibar/Bergara
Autopista del Cantábrico
AZKOITIA
Urrategi
Soraluce-Placencia de las Armas
895
Loiola
Santuario de Loiola
Río
Bentaberri
Errezil
Monte Gazuma
Iturriotz
Alkiza
Irura
Anoeta
Convento
Urrestilla
Ermita San Isidro
(532)
1072
Hernialde
Santiago
Osintxu
Sistiaga
Kukuerri
Oñatz
Basalgo
Arantzeta
Ubera
Mekolalde
BERGARA
Elosua
Arrieta-Mendi
Aginaga
Nuarbe
Beizama
Bidania (Bidegoyan)
TOLOSA
Albiztur
Urkizu
Ibarra
Aratz-erreka
Aldaba
A.V.E. en constr.
Angiozar
Monte Isaspi
969
Irimo
Monte Irimo
895
Nuestra Señora de La Antigua
Matxinbenta
Santa Marina
Ikaztegieta
Altzo azpi
Altzo
Alegia
Lizartza
Antzuola
13%
ZUMARRAGA
Astigarreta
Garin
Legorreta
Orendain
(495)
Puerto de Deskarga
Emb. de Urtatza
Ezkio
Itsaso
Itsasondo
Baliarrain
Ugarte
San Prudentzio
Elorregi
Monte Asaldita
825
Santa Lutxi
Anduaga
Ezkio-Itsaso
Arriaran
704
Gudugarreta
ORDIZIA
Altzaga
Arama
Gaintza
Abaltzisketa
Bedaio
Garibai
Ermita de Sagrado Corazón
LEGAZPI
947
Aztiria
Gabiria
Itsaso
Alegia
Ormaiztegi
BEASAIN
Lazkao
Zaldibia
Amezketa
ARRASATE-MONDRAGÓN
OÑATI
Torreauso
Telleriarte
Olabarrieta
Aizpea
Mutiloa
Olaberria
Ermita de Larraitz
1341
Garagalza
Río Oñati
Brinkola
Idiazabal
Arkaka
San Martin (Ataun)
Sierra de Aralar
1321
691
Urrexola
Uribarri
Emb. de Urkulu
Emb. de Barrendiola
Zerain
Segura
Barbari
777
Motasoro
Aitzarte
Parque Natural de Aralar
Cueva
1238
Arrolas
Santuario
Arantzazu
Arrietas
Alkibar
Kortaberria
Lauztierreka
San Gregorio
Provincia de Guipúzcoa
Provincia de Navarra
Geraleku Apeadero
Zegama
Olaran
Ursuarán
Puerto de Etxegarate
Ergoiena
Aia
Alto de Lizarrusti
Provincia de Guipúzcoa
Provincia de Álava
Ermita
Aizkorri
1544
Ermita de Santa Cruz
Goialdea
7%
(640)
963
Aritzalde
Otsaurte
Sierra de Urkilla
Cueva
Ermita de Sancti Espíritu
Sorozarreta
Ermita de Ajcibán
Valle de la
Lizarragabengoa
Monasterio de Nuestra Señora de Barria
Aratz
1442
Ermita de San Miguel
Ermita de San Pedro
Ermita de San Adrián
Ermita de la Concep.
Larrea
Ermita de San Julián
(526)
Aspuru
Narvaja
Gordoa
Zalduondo
Luzuriaga
Araia (Asparrena)
ALTSASU/ALSASUA
Urdain
Itur-
Bakaiku
Ermita de

114

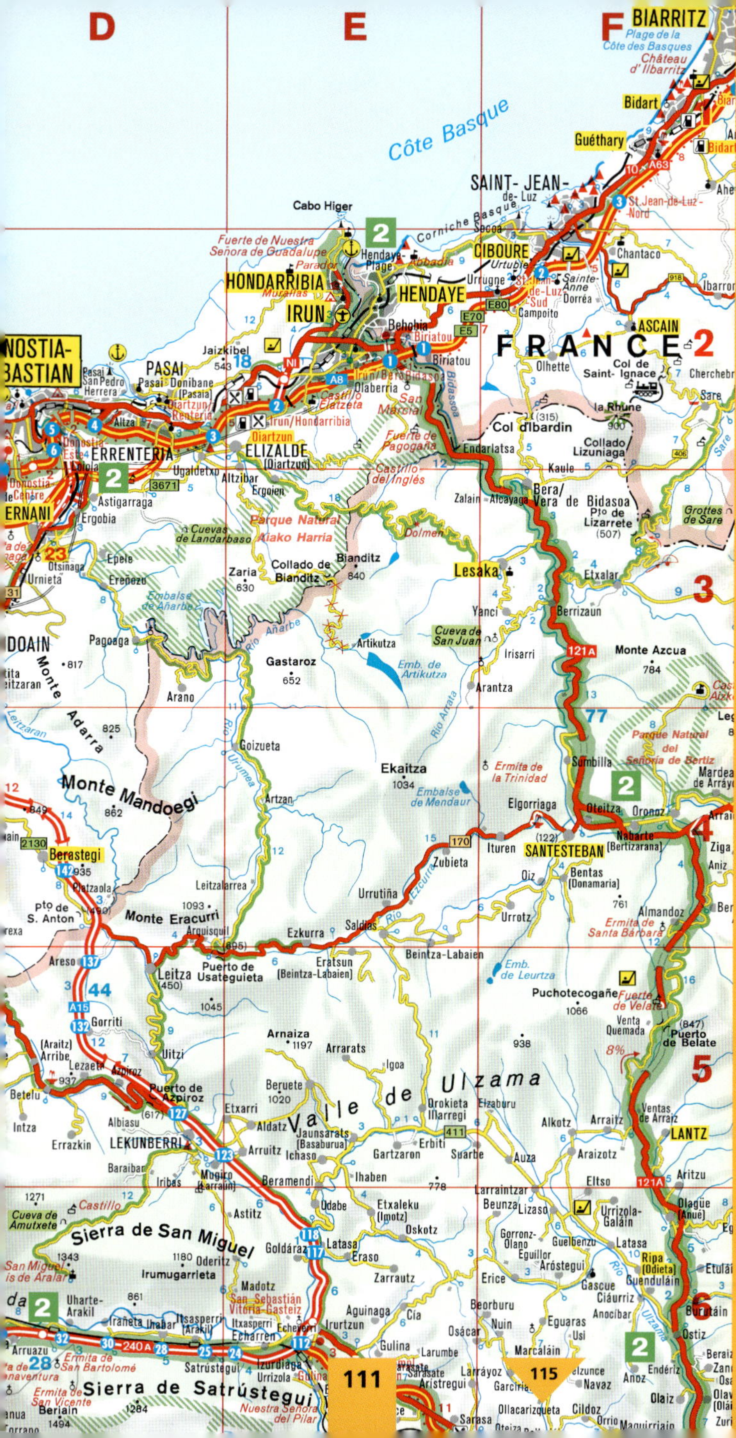
D
E
F
BIARRITZ
Plage de la Côte des Basques
Château d'Ilbarritz
Bidart
Côte Basque
Guéthary
SAINT-JEAN-de-Luz
St.Jean-de-Luz-Nord
Ahetze
Cabo Higer
Corniche Basque
Socoa
CIBOURE
Urtubie
Chantaco
Fuerte de Nuestra Señora de Guadalupe
Parador
HONDARRIBIA
Murallas
IRUN
HENDAYE
Hendaye-Plage
Abbadia
Urrugne
St.Jean-de-Luz-Sud
Sainte-Anne
Dorréa
Campoito
Ibarron
Behobia
Biriatou
ASCAIN
FRANCE
Olhette
Col de Saint-Ignace
Cherchebruit
Sare
la Rhune
900
(315)
Col d'Ibardin
Collado Lizuniaga
DONOSTIA-SAN SEBASTIÁN
Jaizkibel
543
Pasai San Pedro
Herrera
PASAI
Pasai Donibane
(Pasaia)
Oiartzun/Rentería
Irún/Behobia
Irún/Bera/Bidasoa
Olaberria
Castillo Elatzeta
San Marcial
Bidasoa
Altza
Irún/Hondarribia
Oiartzun
ELIZALDE (Oiartzun)
Fuerte de Pagogaña
Endarlatsa
Kaule
Donostia-Este
ERRENTERIA
Loiola
Donostia-Centre
Ugaldetxo
Altzibar
Ergoien
Castillo del Inglés
Zalain
Alcayaga
Bera/Vera de Bidasoa
Pto de Lizarrete (507)
Grottes de Sare
HERNANI
Astigarraga
Ergobia
Cuevas de Landarbaso
Parque Natural Aiako Harria
Dolmen
Epele
Otsinaga
Urnieta
Ereñozu
Zaria 630
Collado de Bianditz
Bianditz 840
Lesaka
Etxalar
Embalse de Añarbe
Río Añarbe
Yanci
Berrizaun
ANDOAIN
Pagoaga
Monte Adarra
•817
Artikutza
Cueva de San Juan
Irisarri
Monte Azcua 784
Gastaroz 652
Emb. de Artikutza
Arantza
Arano
Leitzaran
825
Goizueta
Río Urumea
Río Arrata
Parque Natural del Señorío de Bertiz
Mardea de Arráyoz
Ekaitza 1034
Ermita de la Trinidad
Sumbilla
Monte Mandoegi
862
Artzan
Embalse de Mendaur
Elgorriaga
Oteitza
Oronoz
849
Berastegi
935
Zubieta
Ituren
(122)
SANTESTEBAN
Narbarte (Bertizarana)
Ziga
Aniz
Platzaola
Leitzalarrea
Urrutiña
Oiz
Bentas (Donamaria)
761
Almandoz
Pto de S. Antón (490)
1093
Monte Eracurri
Arquisquil (695)
Ezkurra
Saldias
Urrotz
Ermita de Santa Bárbara
Areso
Leitza (450)
Puerto de Usateguieta
Eratsun (Beintza-Labaien)
Beintza-Labaien
Emb. de Leurtza
Puchotecogañe
1066
Fuerte de Velate
Venta Quemada
(847) Puerto de Belate
1045
Gorriti
Arnaiza 1197
Arrarats
938
(Araitz) Arribe
Lezaeta
Azpiroz
Uitzi
Igoa
Betelu
937
Puerto de Azpiroz (617)
Beruete 1020
Valle de Ulzama
Orokieta Illarregi
Elzaburu
Alkotz
Arraitz
Ventas de Arraiz
LANTZ
Intza
Albiasu
Etxarri
Aldatz
Jaunsarats (Basaburua)
Erbiti
Errazkin
LEKUNBERRI
Arruitz
Ichaso
Gartzaron
Suarbe
Auza
Araizotz
Baraibar
Iribas
Mugiro (Larraun)
Beramendi
Ihaben
778
Larraintzar
Eltso
Aritzu
1271
Castillo
Udabe
Etxaleku (Imotz)
Beunza
Lizaso
Urrizola-Galáin
Olagüe (Anué)
Cueva de Amutxete
Astitz
Oskotz
Gorronz-Olano
Guelbenzu
Latasa
Sierra de San Miguel
Goldáraz
Latasa
Eraso
Egüillor
Aróstegui
Ripa (Odieta)
Etuláin
1343
1180
Oderitz
Erice
Gascue
Guenduláin
San Miguel de Aralar
Irumugarrieta
Zarrautz
Ciáurriz
Madotz
861
San Sebastián Vitoria-Gasteiz
Beorburu
Anocíbar
Burutáin
Uharte-Arakil
Aguinaga
Cía
Nuin
Eguaras
Iraneta
Ihabar
Itsasperri (Arakil)
Itxasperri
Irurtzun
Osácar
Usi
Ostiz
Echeverri
Echarren
Gulina
Larumbe
Marcaláin
Beraiz
Arruazu
Ermita de San Bartolomé
Satrústegui
Izurdiaga
Urrizola
Arístregui
Larráyoz
Elzunce
Navaz
Anoz
Endériz
Zandio
Osacáin
Olave (Olaiz)
Ermita de San Vicente
Sierra de Satrústegui
Garcíriáin
Olaiz
Nuestra Señora del Pilar
Beriain
1284
1494
Ollacarizqueta
Cildoz
Orrio
Maquirriain
Sarasa
Zuriáin
Oteiza
2
3
4
5
6

115

108
A
B
C
Sierra Salvada
Lendoño de Abajo
ORDUÑA
Prov. de Vizcaya
Arbieto
Uzquiano
Oyardo
Oteo
Cabañes de Oteo
QUINCOCES de Yuso
Lastras de Teza (Valle de Losa)
Teza de Losa
Lodosa
Barriga
Llorengoz
Villaño
Tertanga
Goba Aundi
Torre
Délica
Artomaña
Unza
Gujuli
Belunza
Izarra (Urkabustaiz)
Abecia
Robredo de Losa
Villaluenga
San Llorente
Villacián
Río Nabón
San Martín de Losa
Villalambrús
Mijala
Zaballa
Castillo Tertanga
Puerto de Orduña
Río de Losa
Ermita de Aedo
Fresno de Losa
Aostri de Losa
Villaba de Losa (Junta de Villaba de Losa)
Múrita
Mambliga
Hozalla
Berberana
San Pantaleón de Losa
Quintanilla la Ojada
Quintanilla Valluerca
Acebedo
Andagoya
Arangatxa
Ermita de San Antonio
Guillarte
Sendadiano
Túmulo
Marinda
Río Vadillo
Sierra de Peñagobia
Bóveda
Mioma
Osma
Repico
Luna
Arriano
Santa Eulalia
Quintana-Entrepeñas
Lahoz
Lalastra
Parque Natural de Valderejo
Corro
Cueva
Tobillas
Astulez
Pinedo
Valpuesta
Caranca
Sierra de Arkamu
Cárcamo
Solacueva
Jocano
Ullivarri-Cuartango
Villamardones
Ribera
Provincia de Burgos
Prov. de Álava
Arroyo de San Zadornil
San Millán de San Zadornil
San Zadornil (Jurisdicción de San Zadornil)
Gurendes
Villanueva de Valdegovía (Valdegovía)
Guinea
Artaza
Barron
Escota
Ormijana
Extramiana
3
La Prada
Hedeso
La Revilla de Herrán
Revillallanos
Villafría de San Zadornil
Quejo
Villanañe
Atiega
Cantoblanco
Morillas
Basquiñuelas
Pobes/Nanclares
Arbígano
Ranedo
Pajares
Torre
Nograro
Villamaderne
Tuesta
Salinas de Añana (Añana)
Pobes
Paúl (Ribera Alta)
Quintana-Martín Galíndez (Valle de Tobalina)
Lomana
Gabanes
Plágaro
Barrio
Espejo
Salinas de Añana
Viloria
Bachicabo
Caicedo Sopeña
Quintana-María
Barcina del Barco
Mijaraluenga
Central Nuclear
Bergüenda
Alcedo
Villambrosa
Arreo
Ermita
Montejo de San Miguel
Pangusión
San Martín de Don
Sobrón
Embalse de Sobrón
Embalse de Puentelarrá
Frías
Montejo de Cebas
Cuezva
Santa María de Garoña
Tobalinilla
Puentelarrá
Caicedo Yeso
Molinilla
Turiso
San Pelayo
Tobera
Ermita de San Pedro
Orbañanos
La Cruz de la Peña
Villanueva-Soportilla
Fontecha
Salcedo
Igay
Ranera
Valderrama (Partido de la Sierra en Tobalina)
Cubilla
Bozoo
Convento del Espino
Guinicio
Montañana
Comunión (Lantarón)
Santa Gadea del Cid
Suzana
Ribabellosa (Ribera Baja/Erribera Beitia)
Zangandez
La Molina del Portillo de Busto
La Aldea del Portillo de Busto
Ayuelas
Miranda de Ebro/Puente Larrá
Cascajares de Bureba
Miraveche
Moriana
La Nave
Navas de Bureba
Silanes
Obarenes
MIRANDA de Ebro
Bardauri
Orón
Quintanaélez
Busto de Bureba
Encío
Ameyugo
Desfiladero
Valverde de Miranda
Baños de Fuencaliente
Ircio
Bugedo
Villanueva de Teba
Cubo de Bureba
La Vid de Bureba
Calzada de Bureba
Santa María Ribarredonda
Fuentebureba
Pancorbo
Foncea
Convento
Vileña
Berzosa de Bureba
Cellorigo
Galbárruli
Castilseco
Pancorbo/Santander
Zuñeda
El Bonete
Altable
Foncea
Villaseca
Ternero
Prov. de Burgos
Quintanillabón
Aguilar de Bureba
Grisaleña
Vallarta de Bureba
Sajazarra
Fonzaleche
Cameno
Río Vallarta
Valluércanes
Río Oca
Fuente Clara
Cihuri
Treviana
Nª Sª de Tironcillo
Corvilla
Quintanilla San-García
San Millán de Yécora
BRIVIESCA
Granja de Valdelancina
Briviesca/Oña
Río Bañuelos
Granja de Valdevín
Casa de Arto
Ochánduri
Tirgo
Cuzcurrita-Río Tirón
Río Aguanal
Río Tirón
Valle de la Paúl
Baños de Rioja
Castañares de Rioja
Granja del Hojalatero
Bañuelos de Bureba
Cerezo de Riotirón
Herramélluri
Leiva
El Lago
Villalobar de Rioja
Quintanaloranco
Tormantos
Quintanilla de las Dueñas
Carrias
Loranquillo
Castil de Carrias
La Granja
Fresno de Rodilla
Redecilla del Campo
Sotillo de Rioja
Bañares
SANTO DOMINGO de la Calzada
La Varga
Ibrillos
Grañón
Redecilla del Camino
Castildelgado
Ermita de Carrasquedo
Villarta-Quintana
Corporales
Parador
Quintanilla del Monte
Bascuñana
Quintana
Morales
Villanasur-Río de Oca
Villalómez
Villamayor del Río
BELORADO
Quintanar
Valmóndar
Villalbos
112

109
5 km
D
E
F
1
2
3
4
5
6
Cuevas de Mairuelegorreta
Oketa
1021
Embalses de Gorbea
Autopista Vasco Aragonesa
Río Bayas
Ollerías
Emb. de Albiña
Marin
Mendiola
Bolibar
Goroeta
Urrexola
Emb. de Urkulu
Cueva de Aizkirri
Araotz
Leintz-Gatzaga
1168
Markina-Xemein
Echagüen
Elosu
Embalse de Urrunaga
LEGUTIANO VILLAREAL de A.
Monumento a la Batalla de Villarreal
Altube
Sarria
Murua
Cestafe
Zárate
Manurga
Gopegui [Zigoitia]
Nafarrate
Goiain
915
1187
Sierra de Elgea
Provincia de
Provincia de
Murguía
Zaitegui
19
17
21
15
Buruaga
Urrunaga
Vitoriano [Zuia]
Jugo
Berricano
Betolaza
Urbina
Ullibarri Gamboa
Ermita de San Bernabé
Ermita de Santa Marina
Elguea
Santuario de Oro
892
Domaiquia
Letona
885
Mendarozqueta
Miñano Menor
Luco
Emb. de Ullibarri
Marieta
Aperregi
Apodaca
622
Amarita
Miñano Mayor
Arroyabe
Nanclares de Gamboa
Ozaeta
Hermua
Larrea
Sierra de Arrato
Cuevas El Goro
Artaza
Foronda
Legarda
Mendiguren
I/2008
240
Mendívil
Maturana
Guevara
Aspuru
Concha de Álava
Torre
Etura
Hueto Arriba
Mandojana
Abechuco
355
Durana [Arrazua-Ubarrundia]
Ullibarri-Arrazua
Mendijur
Audicana
Ermita Virgen de Ubarrián
Ullibarri-Viña
Aeropuerto Vitoria
352
Arzubiaga
Lubiano
364
367
Hueto Abajo
Torre
Ermita de San Juan
Gamarra Mayor
Zurbano
Junguitu
Argomaniz
Echavarri-Urtupiña
370
Dallo
Martioda
Torre
Crispijana
348
Zadorra
Gobeo
Ilarraza
Matauco
Parador
682
Nuestra Señora de Ayala
Cuartango
Mendoza
Santa Catalina
Trespuentes
Ali
104
Cerio
Elburgo/Burgelu
Ezquerecocha
Arcaute
Santuario de Nuestra Señora de Estíbaliz
Argandoña
Alegría-Dulantzi
Chinchetru
Iruña
Villodas
345
Zuazo de Vitoria
VITORIA-GASTEIZ
Ascarza
Andollu
Añua
Troconiz
Gauna
Aciļu [Iruraitz-Gauna]
1042
Ollavarre
Ariñez
343
102
Otazu
Aberasturi
Gereñu
2622
Gomecha
Gardelegui
(525)
Bolivar
Hijona
132
Erenchun
Ullivarri
Nanclares de la Oca
Iruña Oka/Iruña de Oka
Subijana de Alava
Berrosteguieta
Mendiola
Castillo
Monasterioguren
Ullibarri de los Olleros
Eguileta
Ermita de San Víctor
Puerto de Azatzeta
(895)
Iturrieta
Ermita de Santa Isabel
1099
Azaceta
2124
Prov. de Burgos
Castillo de Arganzón
778
Doroño
Puerto de Vitoria
Izarza
Montes de Vitoria
Montes de Iturrieta
7%
Zurbitu
Villanueva de la Oca
Arrieta
Oquina
Kapildui
1180
La Puebla de Arganzón
23
742
Ascarza
Golernio
San Vicentejo
Ochate
Ajarte
Virgala Mayor
127
Añastro
Treviño [Condado de Treviño]
Virgala Menor
NI
Condado de Treviño
Burgueta
Pangua
Cucho
Uzquiano
Imiruri
Aguillo
Ermita de San Pedro
San Cristóbal
1055
Apellániz
Arraia
Franco
Pedruzo
Marauri
Sáseta
Arlucea
Muergas
Ozana
901
Dordóniz
Arana
Armentia
Saraso
Ogueta
Ermita de San Juan
Parque Natural de Izki
Lacervilla
Miñón/Vitoria
744
San Martín de Zar
750
Argote
Páriza
Urarte
Marquínez
Cueva
Corres
Izki
Río Izki
Mijancas
741
Samiano
967
Escanzana
Villanueva de Tobera
Moraza
San Martín de Galvarín
Albaina
Mesanza
Cueva
San Román de
Portilla
Santurde
Tobera
Faido
Urturi
Ermita de San Román
Torre
Ocio
Berganzo
Baroja
Cueva
Laño
Cueva
Bajauri
Obécuri
Quintana
Santa Cruz de Fierro
Zumento
Payueta
Prov. de Burgos
Peñacerrada
Loza
Navarrete
Angostina
Nuestra Señora de Ocón
Ega
Río Ega
126
Bernedo
Salinillas de Buradón
Toloño
1267
2124
Lagran
Villaverde
Villafría
San Felices
Provincia de Álava
Provincia de la Rioja
Montoria
Ermita de San Bartolomé
Pipaón
Ermita de San Tirso
1436
1243
Lapoblación
Briñas
Ermita de San Ginés
Ribas de Tereso
Puerto de Herrera
(1110)
Sierra de Toloño
Cripan
Meano (Lapoblación)
Labastida
Casa Pangua
Peciña
Puente Gótico
Ermita de San Martín
Ermita del Cristo
Viñaspre
HARO
Casa de Hornillo
Abalos
Samaniego
Elvillar/Bilar
Yécora
Leza
Lanciego/Lantziego
SAN VICENTE de la Sonsierra
Villabuena de Alava/Eskuernaga
Páganos
Navaridas
LAGUARDIA
(635)
Cuzcurrita
Gimileo
Briones
Ermita de San Juan
Ermita del Espíritu Santo
Ollauri
E 804
232
Monasterio de La Estrella
Baños de Ebro
124
San Ginés
Rodezno
Ermita de los Mártires
Río Ebro
RIOJA ALAVESA
Assa
San Asensio
Elciego
Ermita de San Viscote
Ermita del Suceso
Ermita de la Concepción
Laserna
Ventas de Valpierre
SAN ASENSIO
AP68
Torre-montalbo
Lapuebla de Labarca
El Cortijo
207
Colonia agrícola de Santa Gertrudis
208
Villarrica
61
La Estación
Cenicero
RIOJA ALTA
Villa Hermínia
113
Cenicero
Fuenmayor
LOGROÑO (rom. Varia Lucrosus)
Muralla
Casa del Inglés
Camino de Santiago
Hormilleja
Sojuelo
Casa de las Monjas
Navarrete
413
411
LO20
Embalse de Salobre
A13
Hormilla
Uruñuela
Casa de Navarrete
417
A12
Logroño
120
Huércanos
Santa María
Navarrete
Azofra
821
137
Lardero
Torrecilla Sobre Alesanco
NÁJERA
(485)
Catedral
A12
Camino de Santiago
Embalse de Valbornedo
Casa del
254
Alesanco
206
111

A
110
B
C
1
2
3
4
5
6
40
Parque Natural de Aralar
Sierra de Aralar
Provincia de Guipúzcoa
Provincia de Navarra
Provincia de Álava
Urrexola
Emb. de Urkulu
Cueva
Arrolas
Santuario
Arantzazu
1238
Zerain
Segura
Barbari
Alkibar
Arrietas
Kortaberria
Lauztierreka
Motasoro
Altzarte
San Martín (Ataun)
San Gregorio
Ergoiena
Alto de Lizarrusti
Aia
Gerlekua Apeadero
Zegama
Olaran
Ursuaran
Goialdea
Aritzalde
Otsaurte
Puerto de Etxegarate
Aizkorri
1544
Ermita
Ermita de Santa Cruz
Ermita de Sancti Espíritu
Cueva
Sierra de Urkilla
Aratz
1442
Monasterio de Nuestra Señora de Barria
Larrea
Arriola
Aspuru
Narvaja
Emb. de Urdalur
1085
Sorozarreta
Ermita de Aicibán
Ermita de San Miguel
Ermita de San Pedro
Ermita de San Adrián
Valle de la Burunda
Lizarragabengoa
Echarri Aranaz
Ermita de la Concepción
Bakaiku
Iturmendi
Ermita de San Martín
Lizarraga (Ergoiena)
ALTSASU/ALSASUA
Urdain
Olazti/Olazagutia
Galarreta
Gordoa
Zalduondo
Araia (Asparrena)
La Lece
Albéniz
Ilarduya
Eguino
Ziordia
Luzuriaga
Heredia
Álava
Zuazo
Ordoñana (San Millán/Donemiliaga)
Mezquia
Eguilaz
SALVATIERRA O AGURAIN
Ibarguren
San Román de San Millán
Andoin
Murallas
Dolmen
Munain
Vicuña
Gazeo
Ballo
1193
Cueva
1112
Ermita de Santa Marina
1181
Ermita de San Adrián
Puerto de Lizarraga
Parque Natural de las Sierras de Urbasa y Andía
Sierra de Urbasa
Palacio
Capilla
Residencia
Hostal de Urbasa
Puerto de Urbasa
(920)
1239
Ermita de San Cristóbal
Chinchetru
Langarica
Ocáriz
Opakua
Alaiza
Arrizala
Gereñu
Egüíleor
Puerto de Opakua
(1025)
Ullívarri-Jáuregui
Iturrieta
Onraita
Ermita de Santa Isabel
Musitu
Arenaza
Ibisate
Roitegui
Torre
1142
Contrasta
Ermita de San Lorenzo
Larraona
Aranarache
Cueva de los Cristinos
Eulate
Zudaire
(Améscoa Baja)
Baquedano
Gollano
San Martín
Cueva de Basaura
Barindano
Artaza
Ecala
Ullíbarri-Arana
1163
Ermita de Santa Teodosia
Alda (Harana/Valle de Arana)
Río Biarra
Sierra de Lóquiz
Monte Santo
1255
Cicujano
Sabando
San Vicente de Arana
Sierra de Valdellín
1114
Galdeano
Artavia
Echavarri
Amillano
Arraia
Maeztu
Ermita de San Cristóbal
Oteo
Ataurri
Río Sabando
Río Viarra
Gastiáin
Narcué
Ermita de San Cristóbal
Ulibarri
Viloria
1058
Galbarra
Ermita de Santa María (Lana)
Aramendía
Ermita de Santiago
Ganuza
Muneta
Larrión (Allín)
Eulz
Ollobarren
Ollogoyen
Arteaga
Zubielqui
ESTELLA/LIZARRA
Corres
Izki
Parque Natural de Izki
Hornillo
996
Orbiso
Convento de Piérola
Zúñiga
Río Ega
Antoñana
San Román de Campezo
1059
Ermita de San Román
Muela
Quintana
Bujanda
SANTA CRUZ DE CAMPEZO (Campezo/Kanpezu)
Acedo
Asarta
Ancín
Mendilibarri
Murieta
Metauten
Zufía
Ayegui
Igúzquiza
Genevilla
Cabredo
Marañón
1414
Nazar
Mendaza
Piedramillera
866
Legaria
Oco
Abáigar
Labeaga
Villamayor de Monjardín
Azqueta
Olejua
Otiñano
Aguilar de Codés
Santuario de Nuestra Señora de Codés
Mirafuentes
Ubago
Sorlada
Learza
Etayo
Urbiola
Luquín
Barbarin
Arellano
Lapoblación
1243
Azuelo
Torralba del Río
Ermita de Villanueva
Mués
Espronceda
Desojo
Camino de Santiago
Ermita de San Jorge
Arróniz
Dicastillo
873
LOS ARCOS
(447)
Ermita de Santa María
Ermita de San Bartolomé
Yécora
Gorrebusto
Labraza
Aras
Ermita de San Juan
Bargota
Armañanzas
Sansol
Nuestra Señora del Poyo
Torres del Río
El Busto
Cortecampo
Ascona
Cortabacoy
Ermita del Calvario
Moreda de Álava
VIANA
Muralla
Ermita de San Lorenzo
Ermita de Santa Cecilia
Caserío de Mauleón
Peña Milisal
556
Casa Cornava
Río Odrón
Lazagurría
Dyón-Dion
Ermita de las Cuevas
Casa Pujadas
LOGROÑO
(384)
Embalse de Salobre
Catedral
La Yasa
Sesma
Río Mayor
Aeropuerto de Logroño-Agoncillo
Recajo
Agoncillo / P.I. El Sequero
Agoncillo
Bodegas de la Atalayuela
Arrubal
Mendavia
Ermita
Legarda
Imas
Lodosa
Río Ebro
Villamediana de Iregua
Río Iregua
Casa Alta
Caserío La Dehesa
Murillo de Río Leza
Alcanadre
114
N I
A12
A13
LO20
Logroño
111
112
129
132
2128
2126
126
743
632
134
259
2637
718
120
666
13
16
21

D
E
F
111
2
1
3
4
5
6
LEKUNBERRI
Errazkin
Baraibar
Iribas
Mugiro (Larraun)
Arruitz
Ichaso
Erbiti
Gartzaron
Suarbe
Aizarotz
Eltso
Aritzu
Beramendi
Ihaben
Larraintzar
Beunza
Lizaso
Olagüe (Anué)
Udabe
Etxaleku (Imotz)
Oskotz
Urrizola-Galáin
Cueva de Amutxete
Castillo
Astitz
Gorronz-Olano
Guelbenzu
Latasa
Ripa (Odieta)
Sierra de San Miguel
Goldáraz
Latasa
Eraso
Eguíllor
Aróstegui
Gascue
Guenduláin
San Miguel
Oderitz
Irumugarrieta
Zarrautz
Erice
Ciáurriz
Burutáin
Madotz
San Sebastián
Vitoria-Gasteiz
Aguinaga
Beorburu
Anocíbar
Uharte-Arakil
Ihabar
Itsasperri (Arakil)
Itxasperri
Echeverri
Irurtzun
Cía
Nuin
Eguaras
Usi
Ostiz
Echarren
Gulina
Osácar
Arruazu
240 A
Ermita de San Bartolomé
Satrústegui
Izurdiaga
Urrizola
Larumbe
Marcaláin (Juslapeña)
Belzunce
Anoz
Endériz
Sierra de Satrústegui
N240/Pampl.
Irurzun
Sarasate
Arístregui
Larráyoz
Garciriáin
Navaz
Olaiz
Ermita de San Vicente
Beriain
Torrano
Nuestra Señora del Pilar
Errotz
Erice
Ollacarizqueta
Cildoz
Orrio
Maquirriain
Sorauren
Atondo
Sarasa
Oteiza
Ballariáin
Fuerte de San Cristóbal
Ollo
Ilzarbe
Zuasti
Áriz
Berriozar
Oricáin (Ezcabarte)
Sierra de Andía
Aizpún (Goñi)
Añoz
Beasoáin
Aldaba
Berrioplano
Saldise
Olza
Larragueta
AP15
Azoz
Ansoáin
Eguillor
Río Arakil
Lizasoáin
Loza
240A
VILLAVA
Bordas el Peletón
Goñi
Puerto de Ulzurrun
Aizpún
Orcoyen
Berriozar
Catedral
Bordas de Arriba
Urdánoz
Artázcoz
Ororbia (Olza)
Arazuri
PAMPLONA
Munárriz
Ulzurrun
Izcue
700
Ermita de Santísima Trinidad
Sierra de Sarvil
Barañáin
Echavacoiz
Cordovilla
Landaben
A12/N111/Logroño
Mutil
Ermita de San Adrián
Muniáin
Ciriza
Etxauri
Gazólaz
Cizur Mayor
Cizur Menor
Pampl.S.
Lezáun
Guembe
Salinas de Oro
Izurzu
Echarri
Zabalza
Paternáin
Eriete
Esquíroz
83B
Iturgoyen
Vidaurre
Arguiñano
Bidaurreta
Ubani
Larraya
Muru-Astráin
Sagüés
Barbatáin
Noáin (Valle de Elorz)
Tajonar
Acueducto romano
Francia
Arizaleta
Riezu
Irujo
Muez
Arraiza (Zabalza)
Guenduláin
Galar
Esparza
Noáin (Elortzibar)
Convento de Erendatzu
Viguria
Undiano
Astráin
Salinas de Pamplona
Imárcoain
Iruñela
Azcona
Villanueva
Esténoz
Arzoz
Arguiñariz
Belascoáin
P.to del Perdón
Zariquiegui
Arlegui (Galar)
Beriáin-Noáin
San Cristóbal
Echarren de Guirguillano
Río Arga
Perdón
Beriáin
Ugar
San Gregorio
Muzqui
Garísoain (Guesálaz)
Guirguillano
Subiza
Olaz Subiza
Arzuza
Embalse de Alloz
Lerate
Irurre
Legarda
Fundación Ondarra
Zábal
Alloz
Guirguillano
Uterga
Arnotegiko Andra Mari
Tiebas
Biurrun
Campanas
Guerendiáin
Murugarren
Zurucuáin
Murillo
Ermita
Artazu
Muruzábal
Adiós
Biurrun (Biurrun-Olcoz)
Tiebas-Muruarte de Reta
Lácar
Úcar
Carrascal
Ermita de Santo Cristo
P.to del Carrascal
Torre de Yarr
Arandigoyen
Lorca
Cirauqui
Mañeru
Obanos
Río Robo
Enériz
601
Olcoz
Muruarte de Reta
Unzué
PUENTE LA REINA
Añorbe
Tirapu
Monte Esquinza
Nobeleta
Ermita de San Esteban
Oricin
Olóriz
Río Ega
Casa de la Viña
Mendigorría
Ermita de San Juan
Solchaga
Aberin
Oteiza
Casa Sánchez
Ermita de Santiago
Lepuzai
Eristáin
Ermita de San Pedro
Barásoain
Cataláin
Morentin
Casa Pernuza
Muruzábal de Andión
Ermita de San Tirso
Nuestra Señora de Andión
San Saturnino
Castillo El Cerco
Garínoain
Orisoain
Sansoain
ARTAJONA
Murallas
Benegorri
Muzqui-Iriberri
Busquil
Allo
San Bartolomé
Baigorri
Los Alecos
Caserío del Monte
Pueyo
Larraga
Caserío San Lorenzo
Tafalla-N.
Caserío de Valdiferre
TAFALLA
Ermita de San José
Pozuelo
Casa de Arratas
Altos de San Marcos
Berbinzana
Corral de Linte
Caserío de Escobar
Olite
Tafalla-S.
Ermita de San Gregorio
Casa de Ochoa
Parador
Ermita del Angel
Miranda de Arga
Santuario de Nuestra Señora del Castillo
Ermita de San Juan
Caserío de Gregorio
Ermita de Santa Gertrudis
OLITE
Lerín
Caserío del Corbo
Vergalijo
Caserío de Arroyo
Caserío del Cajo
Moncayuelo
5 km
Beire
Casa de Sirerras
Caserío de Gollena
Caserío Valerio
Pitillas
Ermita de Gracia
Caserío del Barón
Autopista de Navarra
Venta de San Miguel
Casa de Vallaliebre
Murillo El Cuende
Arga

MARCO POLO

www.marcopolo.de

Für Ihre nächste Reise gibt es folgende Titel:

Deutschland Allgäu • Amrum/Föhr • Bayerischer Wald • Berlin • Bodensee • Chiemgau/Berchtesgadener Land • Dresden/Sächsische Schweiz • Düsseldorf • Eifel • Erzgebirge/Vogtland • Franken Frankfurt • Hamburg • Harz • Heidelberg • Köln • Lausitz/Spreewald/Zittauer Gebirge • Leipzig • Lüneburger Heide/Wendland • Mark Brandenburg • Mecklenburgische Seenplatte • Mosel • München • Nordseeküste Schleswig-Holstein • Oberbayern • Ostfriesische Inseln • Ostfriesland Nordseeküste Niedersachsen • Ostseeküste Mecklenburg-Vorpommern • Ostseeküste Schleswig-Holstein • Pfalz • Potsdam Rheingau/Wiesbaden • Rügen/Hiddensee/Stralsund • Ruhrgebiet • Schwäbische Alb • Schwarzwald Stuttgart • Sylt • Thüringen • Usedom • Weimar **Österreich/Schweiz** Berner Oberland/Bern Kärnten • Österreich • Salzburger Land • Schweiz • Tessin • Tirol • Wien • Zürich **Frankreich** Baskenland/Bilbao • Bretagne • Burgund • Côte d'Azur • Disneyland Paris • Elsass • Frankreich • Französische Atlantikküste • Korsika • Languedoc-Roussillon • Loire-Tal • Normandie • Paris • Provence **Italien/Malta** Apulien • Capri • Dolomiten • Elba/Toskanischer Archipel • Emilia-Romagna • Florenz Gardasee • Golf von Neapel • Ischia • Italien • Italienische Adria • Italien Nord • Italien Süd • Kalabrien Ligurien • Mailand/Lombardei • Malta • Oberitalienische Seen • Piemont/Turin • Rom • Sardinien • Sizilien/Liparische Inseln • Südtirol • Toskana • Umbrien • Venedig • Venetien/Friaul **Spanien/Portugal** Algarve • Andalusien • Barcelona • Costa Blanca • Costa Brava • Costa del Sol/Granada Fuerteventura • Gran Canaria • Ibiza/Formentera • Jakobsweg/Spanien • La Gomera/El Hierro • Lanzarote • La Palma • Lissabon • Madeira • Madrid • Mallorca • Menorca • Portugal • Spanien • Teneriffa **Nordeuropa** Bornholm • Dänemark • Finnland • Island • Kopenhagen • Norwegen • Schweden Südschweden/Stockholm **Westeuropa/Benelux** Amsterdam • Brüssel • Dublin • England Flandern • Irland • Kanalinseln • London • Luxemburg • Niederlande • Niederländische Küste • Schottland • Südengland **Osteuropa** Baltikum • Budapest • Estland • Kaliningrader Gebiet • Lettland Litauen/Kurische Nehrung • Masurische Seen • Moskau • Plattensee • Polen • Polnische Ostseeküste/Danzig • Prag • Riesengebirge • Rumänien • Russland • Slowakei • St. Petersburg • Tschechien Ungarn • Warschau **Südosteuropa** Bulgarien • Bulgarische Schwarzmeerküste • Kroatische Küste/Dalmatien • Kroatische Küste/Istrien/Kvarner • Montenegro • Slowenien **Griechenland/Türkei** Athen • Chalkidiki • Griechenland Festland • Griechische Inseln/Ägäis • Istanbul Korfu • Kos • Kreta • Peloponnes • Rhodos • Samos • Santorin • Türkei • Türkische Südküste • Türkische Westküste • Zakinthos • Zypern **Nordamerika** Alaska • Chicago und die Großen Seen Florida • Hawaii • Kalifornien • Kanada • Kanada Ost • Kanada West • Las Vegas • Los Angeles • New York San Francisco • USA • USA Neuengland/Long Island • USA Ost • USA Südstaaten • USA Südwest • USA West • Washington D.C. **Mittel- und Südamerika** Argentinien • Brasilien • Chile • Costa Rica • Dominikanische Republik • Jamaika • Karibik/Große Antillen • Karibik/Kleine Antillen • Kuba Mexiko • Peru/Bolivien • Venezuela • Yucatán **Afrika/Vorderer Orient** Ägypten • Djerba/Südtunesien • Dubai/Vereinigte Arabische Emirate • Israel • Jerusalem • Jordanien • Kapstadt/Wine Lands/Garden-Route • Kenia • Marokko • Namibia • Qatar/Bahrain/Kuwait • Rotes Meer/Sinai • Südafrika • Tunesien **Asien** Bali/Lombok • Bangkok • China • Hongkong/Macau • Indien • Japan • Ko Samui/Ko Phangan • Malaysia • Nepal • Peking • Philippinen • Phuket • Rajasthan • Shanghai • Singapur Sri Lanka • Thailand • Tokio • Vietnam **Indischer Ozean/Pazifik** Australien • Malediven Mauritius • Neuseeland • Seychellen • Südsee

Cityguides

Berlin für Berliner • Frankfurt für Frankfurter • Hamburg für Hamburger • Köln für Kölner • München für Münchner • Stuttgart für Stuttgarter

In diesem Register sind alle in diesem Reiseführer erwähnten Orte, Ausflugsziele und Strände (playas) verzeichnet. Halbfette Seitenzahlen verweisen auf den Haupteintrag, kursive auf ein Foto.

Schreiben Sie uns!

Liebe Leserin, lieber Leser,

wir setzen alles daran, Ihnen möglichst aktuelle Informationen mit auf die Reise zu geben. Dennoch schleichen sich manchmal Fehler ein – trotz gründlicher Recherche unserer Autoren/innen. Sie haben sicherlich Verständnis, dass der Verlag dafür keine Haftung übernehmen kann. Wir freuen uns aber, wenn Sie uns schreiben.

Senden Sie Ihre Post an die Marco Polo Redaktion, MAIRDUMONT, Postfach 31 51, 73751 Ostfildern, info@marcopolo.de

Impressum

Titelbild: Guggenheim-Museum Bilbao (White Star: Gumm)
Fotos: A. Drouve (41, 54, 70, 72, 75, 77, 85); R. M. Gill (U. r., 2 u., 25, 28, 62, 78, 79, 83, 93); HB Verlag: Huber (89), Renckhoff (57); Huber: Gräfenhain (30, 59), Leimer (36), Schmidt (80), Simeone (4, 15); laif: Gonzales (1, 42); D. Renckhoff (5 r., 12, 53, 63, 64); White Star: Gumm (U. l., U. M., 5 l., 6, 7, 10, 17, 18, 20, 22, 24, 26, 27, 32, 34, 45, 46, 49, 51, 86, 90, 105), Steinert (2 o., 9, 38, 44, 52, 55, 94)

1. Auflage 2007 © MAIRDUMONT, Ostfildern
Herausgeber: Ferdinand Ranft, Chefredakteurin: Marion Zorn
Redaktion: Arnd M. Schuppius, Bildredaktion: Gabriele Forst
Kartografie Reiseatlas: © MAIRDUMONT, Ostfildern
Vermarktung: MAIRDUMONT MEDIA, media@mairdumont.com
Gestaltung: red.sign, Stuttgart
Sprachführer: in Zusammenarbeit mit Ernst Klett Sprachen GmbH, Stuttgart, Redaktion PONS Wörterbücher

Printed in Germany. Gedruckt auf 100% chlorfrei gebleichtem Papier

Bloß nicht!

Auch im Baskenland gilt es, ein paar Verhaltensregeln und Vorsichtsmaßnahmen zu beachten

Bedenkenlos abdampfen
Eingefleischten Glimmstänglern weht seit neuestem der Gesetzeswind entgegen, denn das Rauchen ist längst nicht mehr überall erlaubt. Bars und Restaurants machen per Aushang deutlich, ob Rauchen gestattet (»Se permite fumar«) oder verboten (»No se permite fumar«) ist. Manche Hotels haben sich komplett gegen die Raucherschaft entschieden, andere bieten Raucherzimmer an. Bei der Hotelbuchung sollten sich Nikotinfreunde tunlichst danach erkundigen.

Einen »Club« aufsuchen
Wer den Schildern zu einem »Club« folgt, liegt falsch, hier einen Nacht- oder Tanzclub zu vermuten. Ein »Club« ist schlichtweg ein Bordell. Die meisten dieser Etablissements liegen an Stadträndern oder Schnellstraßen.

Geblitzt werden
Wer als Ausländer mit dem Auto in eine Radarfalle rast und gestoppt wird, muss sofort bar bezahlen. Als »Garantie«, so heißt es seitens der Polizei lapidar, obgleich man natürlich offiziell Beschwerde einlegen könne. Fazit: Das Geld ist auf jeden Fall weg.

Blitzen
In den meisten Monumenten und Museen ist das Fotografieren mit Blitz untersagt. Im Guggenheim-Museum in Bilbao und im Artium in Vitoria herrscht sogar generelles Fotografierverbot – und darüber wacht reichlich Personal.

Immobilienrisiken eingehen
Übervater Staat darf in Spanien enteignen, sofern ein öffentliches Interesse besteht. Dieser Passus ist sehr dehnbar und wird oft ausgenutzt. Wer an der falschen Stelle eine Immobilie kauft, ist sie im Zuge eines Autobahn- oder Bahnstreckenbaus oder einer sonstigen Erschließungsmaßnahme rasch wieder los. Die Gelder, die an die Geschädigten fließen, sind kaum der Rede wert. Wenig bekannt ist auch, dass beim Weiterverkauf von Immobilien eine hohe Ausländersteuer anfällt. Unter diesen Aspekten rechnet es sich vielleicht eher, ein Ferienhaus zu mieten, statt gleich eines zu kaufen.

Getrennt bezahlen
Kneipiers und Kellner sind es nicht gewohnt, all die Häppchen und Weine von jedem Einzelnen zu kassieren. Eine Gesellschaft aus mehreren Leuten bekommt am Ende des Abends eine gemeinsame Rechnung. Dann gibt jeder denselben Anteil, ohne den individuellen Verzehr haarklein auszurechnen – so zumindest handhaben es die Spanier sowohl in Bars als auch in Restaurants.

Zum Buch

Literatur als Experimentierfeld für Stil- und Geisteshaltungen hatte es in der ehemaligen DDR stets schwer, sich gegen die Lesegewohnheiten von Zensoren und Öffentlichkeit durchzusetzen. Der in den sechziger Jahren geschriebene und 1971 veröffentlichte Roman erzählt die Geschichte des (französischen) Berufsrevolutionärs Gorani, der in Neapel eine Weihnachtskrippe besichtigt, ein mechanisches Wunderwerk, ein Abbild der Stadt, belebt von allegorischen, historischen und aktuellen Szenen, in die der Besucher handelnd einbezogen wird. Ein Panoptikum, bevölkert von berühmten Gestalten (Goethe, Galiani, Casanova, Lady Hamilton), ein unvernünftig-chaotisches Paradies, das den Betrachter voller Zweifel am Sinn revolutionären Handelns und Machtgebrauchs zurückläßt. Spieltheorie und literarische Moderne, zugleich Zeitkritik, Komik und Sprachwitz in einer vielschichtigen und beredten Prosa von irritierendem Reiz.

Der Autor

Friedemann Berger, geboren 1940 in Sroda (Polen); Lyriker, Erzähler, Essayist und Herausgeber klassischer Werke der Reiseliteratur, der Literatur des 18. und 19. Jahrhunderts (zum Beispiel in der ›Bibliothek des 18. Jahrhunderts‹); seit zwanzig Jahren im Verlagswesen tätig, in der Zeit von 1985 bis 1990 in Peking. Veröffentlichte unter anderem die Gedichtbände ›OrtsZeichen‹ und ›Einfache Sätze‹. Zuletzt erschienen bei Kiepenheuer: ›Die Milchstraße am Himmel – und der Kanal auf Erden. Geschichte, Kultur und Gegenwart an Chinas Großem Kanal‹ und ›Gesichter Tibets‹.